AF318001

FACULTÉ DE DROIT DE PARIS

DES

RAPPORTS A SUCCESSION

EN DROIT FRANÇAIS

AVEC

UNE INTRODUCTION HISTORIQUE SUR LEUR ORIGINE ROMAINE ET COUTUMIÈRE

THÈSE POUR LE DOCTORAT

PAR

ERNEST QUINQUET DE MONJOUR

AVOCAT A LA COUR IMPÉRIALE DE PARIS

L'acte public sur les matières ci-après sera soutenu le jeudi 9 février 1865, à midi, en présence de M. l'inspecteur général CH. GIRAUD.

PRÉSIDENT : M. VALETTE, Professeur.

SUFFRAGANTS :
MM. MACHELARD,
DURANTON,   Professeurs
CHAMBELLAN,
GIDE,   Agrégé.

PARIS

IMPRIMERIE SIMON RAÇON, RUE D'ERFURTH, 1

1865.

3686

DES

RAPPORTS A SUCCESSION

42326

FACULTÉ DE DROIT DE PARIS

DES

RAPPORTS A SUCCESSION

EN DROIT FRANÇAIS

AVEC

UNE INTRODUCTION HISTORIQUE SUR LEUR ORIGINE ROMAINE ET COUTUMIÈRE

THÈSE POUR LE DOCTORAT

PAR

ERNEST QUINQUET DE MONJOUR

AVOCAT A LA COUR IMPÉRIALE DE PARIS

L'acte public sur les matières ci-après sera soutenu le jeudi 9 février 1865,
à midi, en présence de M. l'inspecteur général CH. GIRAUD.

PRÉSIDENT : M. VALETTE, Professeur.

SUFFRAGANTS :
MM. MACHELARD,
DURANTON,
CHAMBELLAN, } Professeurs
GIDE, Agrégé.

PARIS

IMPRIMERIE SIMON RAÇON, RUE D'ERFURTH, 1

1865

RAPPORTS A SUCCESSION

PROLÉGOMÈNES

1. L'égalité entre les héritiers venant à une même succession est un principe qui a inspiré successivement toutes les législations, quoique dans des mesures diverses. On a pensé interpréter l'intention du défunt d'autant mieux que cette égalité était plus exactement atteinte. Aussi avant le partage, entre les héritiers, des biens composant la succession, a-t-on établi des opérations destinées à maintenir cette égalité, quand le défunt n'a pas clairement exprimé sa volonté contraire. Ces opérations par lesquelles les cohéritiers peuvent avoir à se rendre compte des biens qu'ils tiennent de l'auteur commun constituent le *rapport* : on remet, on rapporte ce qu'on a reçu dans la masse partageable où chacun arrive avec des droits égaux et prend des parts égales.

2. Telle est l'origine rationnelle, philosophique, s'il

est permis de s'exprimer ainsi, du rapport. Quant à l'origine historique, nous la trouvons dans la *collatio* du droit romain, destinée aussi à prévenir des inégalités entre cosuccessibles ; mais l'institution romaine diffère de notre rapport en ce point essentiel que c'était la cession par certains cohéritiers à d'autres d'une partie de leurs biens, sans rechercher d'où ces biens provenaient ; c'était un *apport* à la masse commune plutôt qu'un *rapport*, car il s'appliquait à des biens qui n'avaient jamais fait partie du patrimoine du *de cujus*, contrairement à nos règles actuelles.

3. Comment de l'antique *collatio* romaine est-on arrivé à notre rapport ? C'est une étude que nous devons faire, étude qui, en dehors de l'intérêt scientifique qu'elle a par elle même, formera l'introduction toute naturelle de notre travail. L'expérience des siècles, éclairant un législateur sur les avantages et les inconvénients des systèmes qui se sont succédé, lui permet d'être éclectique et de choisir les règles qui lui semblent le plus justes et le plus conformes aux mœurs actuelles.

4. Pour être complète, notre introduction historique comprendra trois parties : 1° le droit romain ; 2° l'ancien droit français ; 3° le droit intermédiaire. Nous arriverons ainsi sans solution de continuité de la législation la plus ancienne à la plus moderne.

INTRODUCTION HISTORIQUE

CHAPITRE PREMIER

DROIT ROMAIN

5. Comme nos prolégomènes l'ont suffisamment annoncé, c'est moins une étude approfondie des détails de la *collatio* en droit romain que nous allons entreprendre, qu'une esquisse historique des différents changements que cette institution a subis et qui, d'une idée tout à fait opposée à ce que nous entendons aujourd'hui par rapport, l'a peu à peu amenée à n'être que l'application du principe d'égalité entre les cohéritiers, dans le partage des biens de leur auteur, d'après la présomption que cet auteur n'a pas voulu y déroger.

6. Voici l'ordre que nous suivrons dans ce résumé historique et la division que nous adopterons :

1° De la *collatio bonorum*, d'après le Digeste ;

2° De la *collatio dotis* ;

5° Des modifications introduites dans les règles de la *collatio* par les constitutions impériales ;

4° Des modifications résultant des Novelles de Justinien.

Section 1re. — *De la* collatio bonorum, *d'après le Digeste.*

§ 1er. Cause de la *collatio bonorum.*

7. Dans le très-ancien droit de Rome, la *collatio* était inconnue, à cause du système de succession alors en vigueur. Ce système si simple reposait sur la puissance paternelle : *Uti legassit super pecunia tutelave suæ rei, ita jus esto*, et sur le lien d'agnation : *si intestato moritur, cui suus hæres nec escit, adgnatus proximus familiam habeto ;* nous ne parlons pas du droit de gentilité, qui est encore aujourd'hui l'objet des plus grandes controverses entre les savants : *Si agnatus nec escit, gentiles familiam habento.* Le père était donc libre d'instituer un étranger dans son testament, ce qui excluait complétement les enfants ; pour remédier à cet inconvénient, les *prudentes* reconnurent aux enfants une espèce de copropriété avec leur père, qui ne pouvait les en priver que par une exhérédation et non plus par une simple omission ; plus tard on voulut que l'exhérédation fût faite avec juste cause pour être efficace. La position de ces enfants était donc bien améliorée.

8. Mais les enfants sortis de la puissance de leur père avant son décès par l'émancipation restaient complétement exclus de la succession ; en revanche, ils gardaient les biens qu'ils avaient acquis. Le préteur, *ce chevalier de l'équité,* apporta de graves modifica-

tions à cet état de choses. Le droit civil ne tenait compte pour la succession que des liens civils ; le préteur voulut donner des droits aux liens du sang et, pour cela, il considéra la *minima capitis diminutio* résultant de l'émancipation comme non avenue ; puis il appela les émancipés, réhabilités pour ainsi dire dans la famille, à partager l'hérédité paternelle avec leurs frères restés en puissance. Ce fut par l'emploi d'une *bonorum possessio*, institution qui ne fut d'abord qu'une mesure exécutoire de la loi civile, *adjurandi juris civilis gratiâ*, mais qui peu à peu était devenue un moyen de créer une succession prétorienne à côté de la succession civile, *supplendi vel emendandi juris civilis gratiâ*. La *bonorum possessio* fut diversement qualifiée suivant les cas où elle était donnée. A l'émancipé dont nous nous occupons, le préteur accordait la *possessio unde liberi*, lorsque le père de famille était mort instestat, la *possessio contrà tabulas*, lorsqu'il avait laissé un testament où les émancipés étaient omis.

9. En voulant être humain vis-à-vis des émancipés, le préteur était devenu injuste envers les enfants restés en puissance ; car tandis que les premiers conservaient les biens qu'ils avaient acquis, les héritiers siens, qui n'avaient pu acquérir que pour leur père, voyaient leurs biens entrer dans la succession, de sorte que les émancipés profitaient de la fortune amassée par leurs frères, qui ne jouissaient d'aucune réciprocité sur les biens de ces émancipés. Le préteur trouva moyen de parer à cette injustice, en poussant plus loin

l'idée qui lui avait fait admettre les émancipés en concours avec les héritiers siens, c'est-à-dire en traitant les choses comme si l'émancipation n'avait pas eu lieu et par conséquent en privant les émancipés comme les héritiers de leurs acquisitions pour les leur faire mettre dans la masse commune à partager ; tel est le principe de la *collatio*, née d'un principe d'équité : *hic titulus manifestam habet æquitatem*, dit Ulpien en tête du titre du Digeste, qui s'occupe de notre sujet (l. 1, Pr., D. *de collatione*, L. 37, T. 6). On voit donc que dans les commencements la *collatio* ne peut être comparée à notre rapport, puisqu'elle n'implique nullement remise à la masse de biens qui en étaient sortis ; on peut la définir : l'apport fait de leur patrimoine par ceux qui ont obtenu une *bonorum possessio*, pour réparer le préjudice causé par leur présence aux héritiers appelés par le droit civil.

§ 2. Par qui est due la *collatio*.

10. La condition essentielle pour qu'il y ait *collatio*, c'est qu'on soit dans un cas de succession prétorienne : *inter eos debetur collatio, inter quos possessio data est* (Ulp l. 1, § 1, D. h. t.). Voilà pourquoi si l'un des héritiers est mort avant d'avoir demandé la *bonorum possessio*, ses propres héritiers ne sont pas soumis à la *collatio*. Quant à ceux qui, se trouvant dans le cas d'une possession prétorienne, la doivent ; nous allons les énumérer :

1° Ce sont d'abord les émancipés, pour qui cette institution a été créée ; il n'y aura pas à distinguer de quelle manière ils ont été émancipés.

11. 2° Nous trouvons ensuite une classe d'enfants qui n'ont jamais été dans la famille du *de cujus* et auxquels la *collatio* fut appliquée de bonne heure, parce qu'ils obtenaient la *bonorum possessio*, soit *undè liberi*, soit *contra tabulas* ; nous voulons parler des enfants que l'émancipé a eus après l'émancipation et qui sont appelés par le préteur à la succession de leur aïeul, quand leur père est prédécédé ; ce sont aussi les petits-enfants que l'aïeul a retenus sous sa puissance en émancipant leur père et qui viennent à la succession de ce dernier, si à ce moment ils sont *sui juris*, en concours avec ses héritiers siens.

12. 3° Enfin doivent encore la *collatio* les enfants donnés en adoption qui sont appelés par le préteur à la succession de leur père naturel. Si le fils donné en adoption est devenu *sui juris* avant la mort du père naturel, pas de difficulté, cet enfant étant assimilé à un émancipé. Mais si au moment du décès du père natnrel, il était sous la puissance de l'adoptant, alors il doit encore la *collatio : Is quoque qui in adoptiva familia est* (Ulp. 1. 1, § 14, D. h. t.), mais comme en principe ces enfants n'ont pas le droit de demander une possession de biens, il faut supposer que cette possession est demandée par un émancipé omis ; les enfants dont nous parlons en profiteront en même temps que lui. C'est alors le père adoptif qui doit la

collatio, puisque c'est lui qui profite de la *possessio bo-*
norum, à moins qu'il ne les émancipe sans fraude,
pour se décharger de cette obligation, qui pour le
nouvel émancipé se réduira à rien puisqu'il n'a pas
eu le temps d'acquérir (Ulp. l. 5. Pr., D. h. t.).

§ 3. A qui est due la *collatio*.

13. D'après le principe qui a donné naissance à la
collatio, nous dirons qu'elle est due à ceux-là seuls qui,
appelés par le droit civil, éprouvent un préjudice de
la protection accordée par le préteur aux *bonorum pos-*
sessores; elle n'est donc pas due entre émancipés. En
outre quand la présence de l'émancipé ne nuit pas à
l'héritier sien, celui-ci ne peut pas exiger la *collatio*,
c'est ce qui arriverait si l'omission de cet émancipé lui
permettait d'obtenir la moitié de la succession par la
possession *contra tabulas*, quand institué avec un
étranger il aurait eu moins de la moitié.

§ 4. Des biens soumis à la *collatio*.

14. La *collatio* ayant pour but de remédier à cet inconvénient pour les enfants restés en puissance, de
voir partager sans compensation les biens qu'ils ont
pu acquérir à leur père, elle doit, pour remplir le but
de sa création, comprendre tous les biens que le père
aurait gagnés par l'émancipé qui la doit, s'il était resté
en sa puissance. Elle ne s'applique donc qu'aux biens

acquis par l'émancipé avant la mort du *de cujus*, puisqu'à ce moment la puissance paternelle ayant cessé,
il eût acquis pour lui-même. Cependant le legs fait
cum pater morietur y était soumis par suite de la sub-
tile distinction que les jurisconsultes romains faisaient
entre cette clause et celle *cum mortuus fuerit pater*.
Une semblable exception avait lieu pour la stipulation
conditionnelle, mais non pour les legs conditionnels,
quand la condition ne se réalisait qu'après le décès,
car dans les stipulations on ne considère que l'époque
où on contracte, et dans les legs, le moment de la condition accomplie.

15. Quant aux biens acquis par l'émancipé avant la
mort du père, en principe tous devaient être conférés,
pourvu qu'ils fussent encore entre ses mains. Les aliénations, les pertes sans fraude ne donnaient lieu à aucun recours ; en outre la *collatio* n'était due que dé-
duction faite des dettes.

16. Parmi les biens qui par exception n'étaient pas
soumis à la *collatio*, nous citerons , d'après Ulpien et
Paul (1. 1 et 2, D. h. t.): les choses que le fils n'eût pas
acquises à son père, comme le pécule castrans et les
biens personnels et intransmissibles, l'usufruit, l'u-
sage ; les choses données par le père *dignitatis nomine*,
c'était une charge de la succession ; les sommes dues à
l'émancipé après la mort du père, mais payées par an-
ticipation ; la dot que l'émancipé a reçue de sa femme,
car elle est destinée à subvenir aux charges du mariage ; si la femme est prédécédée, même décision, car

le fils en puissance eût acquis la dot pour lui-même.

§ 5. De l'exécution de la *collatio*.

17. Nous savons que la *collatio* était une indemnité à payer sur tous les biens de l'émancipé et non, comme notre rapport, une dette sur certains biens déterminés. Il y a donc à fixer la quotité de l'obligation ; l'idée d'indemnité nous indique la marche à suivre : l'émancipé confère en proportion de ce qu'il enlève aux héritiers siens. On partagera donc ses biens en autant de parts qu'il y a d'héritiers siens, plus une part à lui réservée. Si on remettait simplement les biens dans la masse à partager, le résultat serait le même, quand il n'y a qu'un émancipé ; mais si on en suppose plusieurs, cette manière d'opérer les ferait profiter réciproquement de la *collatio*, dans des proportions peut-être inégales, tandis qu'elle n'est due qu'aux héritiers siens.

18. Le *quantum* de la *collatio* une fois fixé, on pouvait l'exécuter par une *cautio satisdatione reis vel pignoribus*.

L'émancipé pouvait, s'il le préférait, faire la *collatio re* avant le partage, s'il n'y avait aucun doute sur la quotité ; cette *collatio* en nature était du reste le but final de l'obligation, elle pouvait cependant avoir lieu par équivalent, en moins prenant, *minus capiendo*.

19. Quand l'émancipé refusait de conférer en nature ou de donner caution par mauvaise volonté, *per contumaciam*, il perdait le bénéfice de la possession de

biens ; si c'était par impossibilité, par pauvreté, *per inopiam*, les héritiers gardaient sa part comme garantie.

Section ii. — *De la* Collatio dotis.

20. À l'époque où le mari avait la *manus* sur sa femme, il acquérait tous ses biens en pleine propriété : *cum mulier viro in manum convenit, omnia quæ mulieris fuerunt, viri fiunt, dotis nomine* (Cicér., Top., C. IV). Lorsque la *manus* tomba en désuétude, la dot commença à mieux se caractériser ; néanmoins, pendant cinq siècles encore, d'après Aulu-Gelle, elle fut transférée au mari en pleine propriété ; il n'y avait pas d'action en restitution, par conséquent pas de profit pour la femme et pas de *collatio* de sa part. Plus tard les divorces devenant nombreux, le préteur créa l'action *rei uxoriæ* pour la restitution de la dot, action dont les cas d'application s'étendirent bientôt. Mais lorsque la fille qui avait déjà reçu cet avantage, demanda à prendre part à la succession, on exigea d'elle qu'elle fît la *collatio*, d'après les mêmes principes qui l'avaient fait admettre pour les émancipés. Aussi plusieurs des règles de la *collatio bonorum* s'appliquent-elles à la *collatio dotis*, mais le caractère spécial de la dot fit introduire aussi beaucoup de règles nouvelles.

21. Parmi les règles prises dans la *collatio bonorum*, nous trouvons les suivantes : la *collatio dotis*, dans le droit des Pandectes, n'est due qu'aux héritiers siens

et non aux émancipés ; elle n'est pas due dans la succession testamentaire ; enfin elle n'est due que s'il y a préjudice causé, et seulement dans les limites de ce préjudice. Ainsi, si étant instituée, la femme a été obligée d'accepter la *bonorum possessio* qu'un autre demandait, elle n'aura pas à conférer sa dot, à moins que la part qu'elle a ainsi obtenue soit plus forte que celle pour laquelle elle était instituée. (Ulp. l. 3, D. *de dotis collatione*, L. 37, T. 7.)

22. Nous arrivons aux règles particulières de la *collatio dotis*, nées de son caractère spécial. C'est un point très-important pour nous, qui, au lieu de commenter et de concilier des textes, cherchons à suivre la marche lente des idées qui, d'un principe de réparation pour le préjudice causé aux héritiers civils par l'arrivée de successeurs prétoriens, conduisirent les jurisconsultes romains à la règle d'égalité entre les enfants ; la *collatio dotis* est le commencement de cette transformation.

23. La faveur accordée à la dot l'avait fait considérer non comme un pécule que la fille en puissance aurait laissé dans les biens du père, mais comme un patrimoine appartenant en propre à la fille : on en avait tiré cette conclusion que l'émancipé ne devrait pas la *collatio* de la dot qu'il a constituée à sa fille, parce que cette dot ne fait plus partie de ses biens. Mais la divergence la plus considérable, c'est que la *collatio dotis* est due par la fille *hæres sua* (Ulp. l. 1. Pr.; D. h. t.), tandis que nous avons vu (n° 10) que

la *collatio bonorum* ordinaire n'était due que quand il
y avait *bonorum possessio*, c'est-à-dire succession prétorienne. Comment est-on arrivé à déroger aussi gravement au principe que la *collatio* est une compensation du bénéfice d'être appelé à l'hérédité par le
préteur? La position de la fille ayant une dot parut
identique à celle des émancipés ayant des biens
propres ; or, de même que ceux-ci ne pouvaient pas
garder leur patrimoine et prendre part à la succession
paternelle où ils auraient frustré leurs frères restés
en puissance, sans rien leur donner en retour ; de
même la fille ne parut pas pouvoir garder sa dot,
quand elle venait partager l'hérédité, et cela qu'elle
fût émancipée ou héritière civile, car dans les deux cas
elle avait sa dot en patrimoine propre. On fut donc
conduit à une certaine idée d'incompatibilité entre
la qualité de propriétaire et celle d'enfant successible,
idée qui plus tard se développa avec quelques modifications et que nous verrons nettement formulée. A
cette idée il s'en était joint quelques autres sur l'égalité entre les enfants, mais elles étaient bien secon-
daires, car elles n'expliqueraient pas la *collatio* de la
dot *adventice* par la fille *hæres sua*, puisque cette dot,
ne venant pas du père, n'a pas pu blesser l'égalité de
partage. Ce changement si important à l'édit du préteur fut introduit par un rescrit d'Antonin le Pieux.
(Ulp. 1. 1, Pr., D. h. t.)

24. Puisque la fille devait la *collatio* de sa dot,
par cela seul qu'elle venait à la succession par le droit

civil ou par le droit prétorien, elle ne put s'y soustraire qu'en s'abstenant complétement de l'hérédité
paternelle. Un rescrit de Marc-Aurèle (Tryphoninus,
l. 9, D. h. t.) trancha un doute qui s'était élevé à cet
égard dans l'esprit de certains jurisconsultes qui re-
gardaient la dot comme un avancement d'hoirie, auquel on renonçait, en s'abstenant de la succession ;
ce rescrit fit prévaloir la règle, que nous avons déjà
exposée, que la dot constitue pour la fille un patrimoine propre.

25. N'oublions pas que toutes ces règles ne s'appliquent qu'à la dot ; une donation ordinaire faite à
la fille serait traitée comme faite à tout autre, (Papin.
l. 8. D. h. t.). Mais la dot, tant adventice, venant d'un
étranger, que profectice, venant du père, est soumise
à la *collatio* ; il y a naturellement exception pour la
dot réceptice, c'est-à-dire dont le constituant a stipulé
le retour à son profit, lors du décès de la femme.

26. La *collatio dotis* s'exécutait *cautione*, ou *re*, ou
minus capiendo ; mais comme elle ne portait plus sur
une universalité, mais seulement sur certains biens,
il n'y avait pas à déduire les dettes. Quand la dot
avait été donnée, elle appartenait au mari ; aussi, tant
que dure le mariage, la *collatio* ne peut se faire que
cautione ou *minus capiendo ;* ce n'est qu'à la dissolution du mariage qu'elle peut se faire *re* ; quant aux
dépenses faites par le mari, on ne tient compte que
de celles qui étaient nécessaires et qui alors dimi-
nuent la dot (Ulp. l. 1, § 5, D. h. t.). Si le mari est

insolvable, la femme ne peut pas conférer ce qu'il lui a été impossible de conserver ; la *collatio* se fera seulement de l'action *rei uxoriæ, quod ad mulierem potest pervenîre, hoc est quod potest maritus* (Ulp. l. 1, § 6, D. h. t.) ; peut-être cette règle équitable était-elle tombée en désuétude, car nous verrons que Justinien l'a rétablie (n° 44). Si la dot n'avait été que promise, la *collatio* s'opérait par la libération des frères dans leur part de l'obligation paternelle, ou par caution, si la dot était promise sous condition ou bien si elle était promise au mari.

SECTION III. — *Des modifications apportées à la* collatio *par les constitutions impériales.*

27. Nous avons vu déjà la *collatio* subir une modification importante, quand il s'agit de dot ; nous avons montré, comment on était arrivé, contrairement aux premiers principes, à faire conférer la dot par une fille *hæres sua*. Nous arrivons à une époque où cette institution éprouve de nouveaux changements ; des constitutions impériales viennent successivement battre en brèche les anciennes théories. Le vieux droit civil paraît bien rigoureux : la puissance paternelle, la constitution de la famille, le régime des successions, tout cela se transforme sous l'influence du temps, des idées philosophiques, du christianisme et aussi de la décadence des mœurs. Pour nous renfermer dans notre matière, nous allons voir la *collatio*

s'écarter de plus en plus de son origine : à l'idée unique de réparation pour un préjudice causé, idée qui s'affaiblit chaque jour, se joint le principe d'é- galité entre les cohéritiers, dont on présume que le défunt n'a pas voulu s'écarter, principe déjà en germe dans la *collatio dotis*.

Nous allons étudier les modifications introduites par les empereurs tant au point de vue des biens qu'au point de vue des personnes.

§ 1er. Des modifications au point de vue des biens.

28. La *collatio* se trouve modifiée au point de vue des biens par trois causes : l'augmentation du nombre des pécules, la création de la donation *ante* ou *propter nuptias* et l intention du donateur remplie dans la donation simple.

29. 1° Dans l'ancien droit de Rome on ne connais- sait que le pécule, appelé depuis profectice pour le distinguer des autres, comprenant les biens dont le père laissait l'administration à son fils. Sous l'empire naquit le pécule castrans comprenant ce qui était donné à un soldat partant en campagne, ce qu'il acquérait à la guerre et les hérédités de ses *com- militones*.

A l'imitation de ce pécule, Constantin créa le pécule quasi-castrans, en 320, en faveur de certains fonc- tionnaires. Il comprit d'abord les libéralités faites par le prince aux officiers du palais ; puis il fut étendu par Honorius et Théodose (422 et 424) aux acquisitions des assesseurs, des avocats et des agents du prétoire, par Léon et Anthémius (479) aux biens des évêques et des clercs, et enfin par Justinien (530) aux dons faits par l'empereur et l'impératrice.

30. Un autre pécule, le pécule adventice, fut encore créé par Constantin, en 316, pour les biens que les enfants avaient acquis dans la succession de leur mère; il fut ensuite étendu par Honorius et Arcadius (395) aux biens venant d'un ascendant maternel, par Théodose et Valentinien (426) aux libéralités entre époux, par Léon et Anthémius (471) aux dons entre fiancés, et enfin par Justinien à toutes les choses que les enfants ont acquises *ex alia re quam ex re patris.*

31. Par suite de l'assimilation complète du pécule quasi-castrans au pécule castrans, tous les biens qui le composaient furent dispensés de la *collatio* : Tribonien le dit formellement par une interpolation dans un texte d'Ulpien qui ne connaissait pas ce pécule (l. I, § 15, D. *de Collatione*).

Quant au pécule adventice, certains des biens qui le composaient avaient été dispensés de la *collatio* lors de leur admission dans ce pécule ; mais pour prévenir toute espèce de doute, Justinien généralisa cette dispense dans sa constitution : *Ut nemini dubietas orietur* (Const. 21, C. *de Collat.*, L. 6, T. 20).

32. Remarquons en terminant ce qui concerne les pécules, que la création du pécule adventice modifia nécessairement la *collatio dotis ;* la dot adventice, constituée par un ascendant maternel, fut soustraite

à la nécessité de la *collatio*, comme tout autre bien venant de ces ascendants.

33. 2° Une seconde modification aux règles de la *collatio* vient de la création de la donation nommée d'abord *ante nuptias* et par Justinien *propter nuptias;* espèce de dot du mari, elle fut assimilée complétement à la dot de la femme : ce sont donc les règles de la *collatio dotis* et non celles de la *collatio bonorum* qui devront être appliquées.

34. 3° Nous arrivons au troisième point, à la donation simple. Dans l'ancien droit, la question de *collatio* ne présentait aucun intérêt : en effet, ou le fils est en puissance et alors il n'y a pas donation puisque le père reste propriétaire, il n'y aura donc pas de *collatio;* ou bien le fils est émancipé et alors devant la *collatio* de tous ses biens, il n'y a pas à en rechercher l'origine.

Ainsi, la donation faite à un *suus hæres* n'a pas d'effet ; mais est-elle confirmée par le décès du père ? Des textes opposés nous laissent dans l'incertitude : la règle était probablement qu'il n'y avait pas donation ; mais sous Dioclétien des rescrits se fondant sur l'humanité et sur des considérations personnelles font triompher l'idée contraire (*Fragm. Vaticana*, §§ 274-281). Quoi qu'il en soit, il n'est pas encore question de *collatio*, puisque la donation n'est valable qu'à la mort du père, et les textes ne prévoient que la question de savoir si l'enfant prélèvera ou non sa donation.

35. Justinien déclara que la donation entre-vifs

serait soumise à la *collatio*, quand elle est déclarée imputable sur la quarte légitime. Quant à la donation simple, elle est déclarée validée par le décès du père, sans indication de volonté contraire et la validité rétroagit au jour où la donation a été faite. D'après ces règles, Cujas prétend que les donations simples sont soumises à la *collatio;* nous ne croyons pas que cet avis doive prévaloir en présence des termes formels de la constitution *Illud* (Const. 20, C. *de Collat.*, L. **6**, T. 20), qui établit une corrélation entre l'imputation sur la quarte légitime et la *collatio;* or les donations simples ne sont pas imputables sur cette quarte, donc elles ne sont pas soumises à la *collatio.* En outre, le § 1 établit formellement deux exceptions à notre règle, donc la règle existe ; ces exceptions sont : 1° le cas où le donateur a exprimé que sa donation serait soumise à la *collatio* ; 2° le cas où celui qui a reçu la donation simple a des cohéritiers qui ont reçu des dons ou des donations *propter nuptias.*

36. Si la donation simple était faite à un émancipé, évidemment dans l'ancien droit elle était soumise à la *collatio;* mais sous le régime des constitutions impériales, Vinnius pense qu'elle ne sera plus conférée, car les termes si généraux de la constitution *Illud* n'impliquent pas une aussi grave distinction ; en outre, l'intention présumée du donateur est la même, et c'est l'application du principe que les émancipés n'ont pas à conférer ce que garderaient des *sui hæredes.*

37. Pour résumer les changements apportés par les
constitutions impériales, la *collatio* ne porte que sur
les fruits non consommés du pécule adventice dont le
père a l'usufruit ; elle ne frappe ni le pécule castrans,
ni le pécule quasi-castrans ; enfin, pour le pécule profectice, elle ne s'applique qu'à la dot, à la donation
propter nuptias, à la donation imputable sur la quarte
et à la donation simple dans deux cas.

§ 2. Des modifications au point de vue des personnes.

38. D'autres modifications de l'époque impériale
dépendent des changements apportés dans l'état des
personnes ou dans l'ordre des successions.

On sait d'abord que Justinien introduisit de graves
innovations dans la matière des adoptions, dont les
anciens effets ne furent conservés dans leur intégrité,
que si l'enfant était donné en adoption à un de ses ascendants ; s'il l'est à un étranger, il reste dans sa famille naturelle. Le premier seul est donc soumis à la
collatio, le second, restant *hæres suus*, compte parmi
ceux à qui elle est due.

39. Une nouvelle émancipation, dite Anastasienne,
du nom de l'empereur qui l'établit en 503, se fait *per
oblationem precum et imperiale rescriptum ;* ceux qui
sont émancipés par ce moyen conservent leurs droits
dans la famille naturelle et cependant ils doivent la
collatio (Const. 18, C. h. t.). C'est encore un point qui
est contraire aux anciennes règles prétoriennes et qui

montre les progrès de l'idée d'égalité entre les enfants.
Toujours par suite de cette tendance, nous voyons les
émancipés demander à profiter de la *collatio*, d'abord
pour la dot profectice à cause de son retour éventuel au
père ; Gordien (240) le leur accorda (Const. 4, C. h. t.),
quand la dot était conférée par une fille *sua hæres*,
parce que celle-là seule profite de la *collatio* faite par
les émancipés. L'empereur Léon, dans sa constitution
Ut liberis (Const. 17, C. h. t.), supprima cette distinction et fit profiter les émancipés de la *collatio dotis* faite
par une fille *sua hæres* ou émancipée.

40. Cette constitution *Ut liberis* est encore remarquable en ce sens qu'elle indroduit la *collatio* dans les
successions nouvelles. La femme, n'ayant pas la puissance paternelle, n'avait pas d'héritiers siens ; le préteur n'appelait ses enfants que comme cognats. Le
sénatus-consulte Orphitien (178) est le premier monument législatif qui ait appelé les enfants à la succession
de leur mère ; mais il n'y est pas question de la *collatio*,
impossible avec les idées anciennes d'indemnité, puisque les enfants n'acquérant jamais pour leur mère,
aucun ne profitait dans sa succession aux dépens des
autres et n'avait de préjudice à réparer. Étendu d'a-
bord à l'aïeule, le sén.-cons. Orphitien fut ensuite ap-
pliqué par une constitution de Valentinien, Théodose
et Arcadius (389), aux ascendants maternels, sauf une
retenue d'un tiers au profit des descendants par les
mâles (Const. 4, Cod. Théod. *de Legitim. hæred.* L. 5,
T. 1). Mais alors le concours des petits-enfants, issus

d'une fille prédécédée, lésait ceux à qui leur mère aurait conféré sa dot, leurs oncles et tantes : aussi, en 396, Arcadius et Honorius les obligèrent à la *collatio* de la dot de leur mère (Const. 5, Cod. Théod., *ibidem*). Cette constitution se servant du mot *avunculi*, les petits-enfants refusèrent la *collatio* à leurs tantes maternelles, *materteræ*. Lorsqu'en 467, Léon introduisit la *collatio* dans les successions nouvelles, il ne le fit que pour la dot profectice et par conséquent pour la donation anté-nuptiale et seulement pour les héritiers du même degré. Les oncles et les tantes refusèrent la *collatio* de la dot profectice à un degré plus éloigné et réciproquement les neveux et nièces la leur refusèrent.

41. En 528, Justinien mit un terme à ce double débat et le trancha dans le sens de la *collatio*, continuant ainsi l'extension que nous avons signalée (Const. 29, C. h. t.). Les mots *vel filio* de cette constitution *Illam* sont une erreur de copiste, car les discussions, que voulait terminer Justinien, ne pouvaient exister dans la succession d'un aïeul paternel ; cela ressort des termes mêmes de la constitution qui conserve la retenue du tiers établie seulement pour les successions nouvelles.

42. Ainsi pour résumer les changements de l'époque impériale, l'ancienne *collatio* subsistait avec quelques modifications pour les anciennes successions, c'est-à-dire pour la dot et les donations profectices entre les héritiers siens et les émancipés réciproquement ; pour la dot et les donations *ante nuptias* non profectices en-

tre les héritiers siens seulement ; et enfin pour les autres biens profectices, à la charge des émancipés en faveur des héritiers siens. A côté il y avait une nouvelle *collatio* pour les successions maternelles, imposée seulement pour la dot et la donation *ante nuptias* profectice des successibles ou de leurs père et mère, en faveur de tous, émancipés ou non, avec réciprocité entre successibles du même degré ou entre oncles et neveux.

SECTION IV. — *Des modifications apportées à la* collatio
par les Novelles de Justinien.

43. Nous arrivons à la dernière époque du droit romain ; trois novelles de Justinien viennent encore toucher aux anciennes règles de la *collatio*.

La novelle 18, Chap. VI (557), vient d'abord détruire le principe intact jusqu'ici qu'on ne confère que dans les successions *ab intestat*. En étendant la règle aux successions testamentaires, Justinien fait faire un nouveau pas à l'idée d'égalité ; la présomption que le défunt n'a pas voulu la rompre existe aussi bien dans le cas de testament que dans le cas de succession légale, mais il peut manifester sa volonté contraire, *nisi expressim designaverit.*

44. En 540, c'est une modification à l'exécution de la *collatio dotis*. Nous avons vu (n° 26) qu'en cas d'insolvabilité du mari, la femme se libérait en conférant son action en restitution, et nous avons dit que cette solution, malgré son équité, était probablement tom-

bée en désuétude ; c'est du moins ce que nous laisse entendre la novelle 97, chap. VI : *et mulierem coactam conferre dotem.* Justinien rétablit l'ancienne règle d'Ulpien, pourvu qu'il n'y ait pas de faute de la part de la femme. Une constitution (C. 29, C. *de jure dotium*, L. 5, T. 12), accordant à la femme une action pour se faire restituer sa dot, *etiam constante matrimonio*, Justinien fait une distinction : la femme est-elle *sui juris et perfectæ ætatis*, l'insolvabilité du mari n'empêche pas qu'elle doive la *collatio dotis*, elle est en faute de n'avoir pas agi en restitution ; au contraire est elle *sub potestate* et son père ne consent-il pas à sa demande d'agir contre son mari, elle se libérera en rapportant seulement son action, *nudam actionem*, à moins pourtant que la dot soit très-importante, car alors la femme, pouvant agir sans le consentement de son père, serait en faute. Ces règles sont l'origine de notre art. 1573, dont nous aurons à parler plus loin (n° 145).

45. **Enfin** la novelle 118 (542), en bouleversant tout le système successoral, effaça toute distinction entre les successions du droit civil, du droit prétorien et des constitutions impériales ; par conséquent les différences que nous signalions dans notre précédent chapitre (n° 42) entre la *collatio* des héritiers siens et celle des émancipés disparaissent. Mais les émancipés restent soumis à la *collatio*, quoique succédant en vertu de la novelle, puisque l'émancipé anastasien la devait tout en succédant *jure civili ;* seulement ils profiteront

de celle effectuée soit par les héritiers siens, soit par
les émancipés

46. Nous avons fini d'étudier les transformations de
la *collatio* romaine ; le principe d'égalité, à l'enfante-
ment duquel nous avons assisté, a fini par dominer les
autres règles de la matière. Après les novelles, la *collatio*
peut être appelée *rapport*, tant elle ressemble à notre
institution actuelle, sans cependant lui être identique ;
en outre l'idée de retour qu'implique le mot *rapport*
est exacte, puisqu'il ne s'agit plus que de la remise à
la masse où tous les héritiers prendront part, de certains biens sortis du patrimoine du défunt, *profectitia
bona*.

CHAPITRE II

ANCIEN DROIT FRANÇAIS

47. Nous venons de voir comment la *collatio* romaine, d'abord institution prétorienne destinée à
régulariser le jeu de deux législations en conflit,
s'était modifiée successivement par l'introduction de
la *collatio dotis*, par l'extension de ses règles aux
donations simples et par les innovations des constitutions impériales et des novelles. Elle se perpétua
dans nos pays de droit écrit, telle qu'elle était dans

les recueils de Justinien, sans aucun mélange des règles tirées du code Théodosien ou des lois rédigées à l'époque barbare. Nous n'avons donc pas à revenir sur ces règles, que nous résumerons en disant que le rapport était destiné à maintenir l'égalité entre les cohéritiers, par l'abandon que chacun devait faire à la masse commune des libéralités à lui faites par le défunt, qu'il n'avait lieu qu'en ligne descendante, pour les donations entre vifs seulement, et que l'héritier renonçant n'y était pas soumis.

Notre code a tiré ses règles soit du droit romain, soit du droit coutumier, dont nous devons parler comme seconde source de notre législation.

SECTION Ire. — *Origine du rapport coutumier.*

48. Le rapport, dans notre droit coutumier, a probablement une origine nationale indépendamment des souvenirs romains qui ont présidé à sa formation; car s'il est vrai que les règles du rapport des donations entre vifs ont été prises dans les recueils de Justinien, il serait impossible d'y rencontrer le principe d'incompatibilité entre les qualités d'héritier et de légataire. Où trouver la raison de cette incompatibilité totalement inconnue en droit romain? Ferrière croit la voir dans l'impossibilité d'être créancier de soi-même, ce que serait un légataire héritier. Lebrun (l. III, ch. VII, n° 1) y voit le désir de maintenir les propres dans chaque ligne : l'héritier des propres

d'une ligne ne doit pas être légataire des propres de l'autre. Pothier (*Succ.*, ch. IV, art. 3, § 2) invoque « l'inclination du droit français à conserver l'égalité entre les héritiers, » utile surtout « à l'égard d'hommes guerriers et féroces tels qu'étaient nos ancêtres, plus susceptibles que d'autres de jalousie et toujours prêts à en venir aux mains et aux meurtres pour les moindres sujets. » Cette opinion est partagée par Bourjon (*Droit commun de la France*, 2ᵉ part., des *Succ.*, ch. IV, sect. 1ʳᵉ, n° 2). Peut-être la véritable raison de cette égalité se trouve t-elle dans la copropriété qui a existé à l'origine entre les membres des tribus germaines, puis s'est restreinte aux membres de la famille sans s'individualiser, de sorte que le père n'est qu'un copropriétaire et que ses héritiers sont vraiment héritiers d'eux-mêmes, *sui hæredes*, dans le sens que certains commentateurs ont donné à cette locution en droit romain.

49. Quoi qu'il en soit, ce principe d'égalité est très-ancien dans notre droit; nous en voyons les premières traces dans le formulaire de Marculfe (septième siècle); au huitième siècle nous en trouvons les règles dans Beaumanoir (*Coutumes de Beauvoisis*, cap. XIV, *des Éritages*). A la même époque on voit le rapport dans les établissements de saint Louis et dans le coutumier normand où apparaît pour la première fois la prohibition de faire des libéralités préciputaires à un de ses enfants : *Lon doit savoir que quand le père a plusieurs filz, il ne peut faire son*

héritiage l'un meilleur de l'autre (ch. vi). Un siècle plus tard, il est mentionné dans la *Très-ancienne coustume de Bretaigne* et dans la somme rurale de Jehan le Bouteiller, où est écrite la règle d'incompatibilité entre les qualités d'héritier et de légataire : *aucun ne peut être aumonier et parsonnier.*

SECTION II. — *Du rapport sous les coutumes.*

50. Voilà les documents que nous avons avant la rédaction officielle des coutumes ; depuis, les textes ne nous font pas défaut ; mais on tombe alors dans la confusion et on arrive à une telle diversité, que Lebrun, après avoir énuméré *onze genres* de coutumes différentes « non sans en perdre le fil, » s'arrêtait comme découragé en s'écriant : « On n'aurait jamais fait, si on voulait rapporter toutes les dispositions des coutumes sur ce sujet. » (Liv. III, chap. vii, n° 11.)

Nous ne pouvons suivre Lebrun dans son exposé de onze genres de coutumes, nous préférons la division tripartite de Pothier (*Succ.*, ch. iv, art. 2, § 1), quoiqu'à dire vrai il soit impossible de classer d'une façon exacte et rigoureuse nos anciennes coutumes au point de vue qui nous occupe, précisément à cause des innombrables diversités dont se plaignait Lebrun. Disons tout de suite qu'aux trois classes de coutumes dont parle Pothier, on pourrait en ajouter une quatrième, comprenant quelques coutumes exceptionnelles rejetant le rapport (Artois, Douai, Valenciennes, Hainaut).

51. Première classe. — Coutumes de *parfaite égalité* (Dunois, pour les nobles et non-nobles; Blois, Touraine, Anjou, Maine, pour les roturiers seulement). Ce sont ces coutumes qui ont le mieux maintenu l'idée d'égalité absolue; ce « sont celles qui ont le mieux conservé l'esprit de l'ancien droit, » comme dit Pothier (*Succ.*, ch. iv, art. 3, § 2). Tous les héritiers, quels qu'ils soient, descendants, ascendants ou collatéraux, ne peuvent conserver ni donation ni legs, aucun avantage direct ou indirect; et ce qu'il y a de plus remarquable, c'est que le disposant ne peut en aucune façon dispenser du rapport et que les avantagés ne peuvent s'y soustraire en renonçant à la succession. Cette excessive rigueur fut probablement la règle originaire de tous les rapports, mais elle fut bientôt tempérée par le désir de maintenir les biens patrimoniaux dans une seule main; aussi, même dans les coutumes dont nous parlons, la sévérité n'était généralement conservée que pour les roturiers.

52. Deuxième classe. — Coutumes de *préciput* (Chauny, Bourbonnais, Berry, Nivernais). Ici nous sommes dans les coutumes larges, qui permettent de dispenser du rapport les dons même faits aux enfants. Cette règle était tellement contraire aux idées reçues, aux principes et à l'origine première des rapports, que Dumoulin l'a qualifiée de *stulta et iniqua*. Notre code, qui a voulu accorder l'égalité avec la liberté de

disposition du père de famille, a adopté cette disposition.

53. Troisième classe. — Coutumes de *simple égalité,* ou d'*égalité de partage* ou d'*option* (Paris, Orléans). Dans ces coutumes, qu'on pourrait appeler intermédiaires, l'héritier renonçant peut conserver les dons et legs à lui faits ; le rapport des donations entre vifs n'est dû que par l'héritier descendant, même bénéficiaire (arrêt en robes rouges de la N.-D. de septembre 1599) ; l'héritier collatéral n'est soumis qu'à la règle d'incompatibilité entre la qualité d'héritier et celle de légataire. « Les biens, disait Pothier, ne sont pas dus aux collatéraux comme aux enfants. » Quant aux ascendants, le silence de la coutume donnait naissance à une controverse : un arrêt du 24 novembre 1644, en l'audience de la Grand'Chambre, les traitait comme les descendants ; une sentence du Châtelet, du mois d'août 1668, les assimilait aux collatéraux ; c'est cette dernière solution qui est adoptée par Pothier.

54. Le rapport est dû des libéralités indirectes ; la présomption d'interposition de personnes avait donné lieu à une théorie dite des rapports pour autrui, dont nous aurons à parler en expliquant les articles 847 et suiv. du Code Napoléon. Quant aux choses dispensées de rapport, l'article 309 de la coutume d'Orléans les résume : « Les nourritures, entretènements, instructions et apprentissages d'enfants, ni les fruits de la chose donnée, par le père, aïeul ou aïeule, soit héri-

lage ou rente, ne se rapportent, sinon du jour de la provocation à partage. »

55. Le rapport avait quelquefois lieu à une autre succession que celle du donateur ; ainsi, la donation faite au petit-fils était réputée faite au fils, et par conséquent le petit-fils était réputé la tenir de son père ; il était donc obligé de la rapporter à la succession de son père, quoique le donateur fût l'aïeul (V. nᵒˢ 82 et 87). Le rapport n'était dû qu'aux héritiers et non aux légataires ou aux créanciers.

Quant au mode d'exécuter le rapport, il était à peu près le même qu'aujourd'hui, suivant notre distinction entre les meubles et les immeubles ; nous signalerons les quelques différences qui existent en expliquant les règles actuelles (V. nᵒˢ 204, 210 et 222).

Tels sont les principes de ces coutumes d'égalité simple qui formaient le droit commun pour les pays dont la coutume était muette et qui furent commentés par nos plus grands jurisconsultes, Pothier et Lebrun entre autres ; ce sont elles qui ont donné le plus de règles à nos législateurs.

CHAPITRE III

DROIT INTERMÉDIAIRE

56. La Révolution française vint substituer à ces règles si diverses une législation uniforme ; la règle

qu'elle adopta dans notre matière, devait être le principe d'égalité absolue par réaction contre les priviléges.

Le premier document législatif de cette époque est le décret du 5 brumaire an II, qui établit formellement l'obligation du rapport, même pour le renonçant; puis vint la loi successorale du 17 nivôse an II (6 janvier 1794), qui maintint le rapport même en ligne collatérale et qui, pour mieux arriver à l'égalité, défendait d'attribuer la quotité disponible, si minime alors, à un héritier. La rétroactivité de l'application de cette loi fut abolie par la loi du 18 pluviôse an V.

57. Avec le consulat, revinrent des idées plus justes; la liberté de disposition ne fut plus sacrifiée à l'égalité, et, par une heureuse combinaison, on arriva à sauvegarder ces deux principes. La loi du 4 germinal an VIII (25 mars 1800) augmente la quotité disponible et permet de la donner aux successibles, *sans qu'elle soit sujette à rapport*, disait l'art. 5., ce qu'on a quelquefois (Toullier III, p. 509; Riom, 21 juin 1809) regardé comme une dispense légale; mais ces expressions sont simplement abrogatives de l'art. 16 de la loi de nivôse, qui défendait d'avantager un successible; elles ne tendent qu'à autoriser la dispense de rapport (Cass., 28 février 1849).

C'est le dernier monument législatif sur notre matière avant la législation actuelle; nous arrivons à la loi qui nous régit, au code Napoléon.

DES

RAPPORTS A SUCCESSION

SOUS LE CODE NAPOLÉON

C. N., l. III, t. I, ch. vi, sect. ii (art. 843-869).

CHAPITRE PREMIER

GÉNÉRALITÉS

SECTION 1re. — *Division de la matière.*

58. Les origines du rapport nous sont connues par notre introduction historique; nous en avons vu la transformation lente à travers les siècles; nous savons à quelles sources notre législateur a puisé. Nous pouvons maintenant avec ces lumières du passé marcher sans crainte au milieu des règles que le code a tirées des diverses législations qui l'ont précédé.

59. Voici l'ordre que nous suivrons dans l'étude de notre matière que nous exposerons en sept chapitres :

1° Nous définirons le rapport et nous en indiquerons les caractères distinctifs;

2° Passant ensuite aux causes du rapport, nous verrons quelles personnes le doivent;

3° A quelle succession;

4° A qui il est dû, deux points qui nous montrent le
but du rapport;

5° Des avantages rapportables, c'est l'objet du rapport;

6° De l'exécution et des effets du rapport;

7° Nous terminerons par l'étude d'un rapport spécial, celui des dettes, qui a des règles particulières.

Section ii. — *Définition et cause du rapport.*

60. Pour arriver à l'égalité si désirable dans les familles, et en même temps pour marquer son respect
pour la propriété et donner une sanction à la puissance
paternelle, notre législateur a cherché une combinaison des règles diverses et exclusives qui se sont succédé sur notre matière; voici celle à laquelle il s'est
arrêté: Les héritiers les plus proches auront droit à une
réserve qu'on ne pourra leur enlever; ce qu'un héritier, à quelque ligne qu'il appartienne, aura reçu du
défunt sera considéré comme un avancement d'hoirie,
et par conséquent remis dans la masse de la succession,
à moins que le disposant n'ait dit expressément le
contraire ou que le successible renonce à la succession
et n'arrive pas au partage.

61. Le rapport est donc la remise réelle ou fictive à
la masse héréditaire des objets que le défunt a fait

sortir de son patrimoine au profit d'un de ses héritiers *ab intestat*. Il s'applique aux dons entre vifs, aux legs et aux prêts faits au successible.

62. On suppose au défunt qui a fait une donation entre vifs à son successible, l'intention d'avoir voulu le faire jouir à l'avance de certains biens qui doivent lui appartenir plus tard comme héritier, sauf à ce successible à les conserver comme donataire s'il renonce à la succession ; le *de cujus* n'est pas présumé avoir voulu rompre l'égalité entre ses héritiers. Cette présomption est naturelle, quand il s'agit de libéralités entre vifs ou d'avances faites au successible ; mais le code l'applique aussi aux legs et il faut avouer qu'elle est alors peu justifiable. Le legs n'a d'utilité qu'à la mort du testateur, et c'est précisément à ce moment que le rapport est dû ; il ne confère donc aucun avantage au successible, ce qui porte à faire penser que le disposant a voulu faire une libéralité préciputaire. Il est vrai que dans certaines circonstances, la valeur du legs lui donnera une certaine utilité en permettant le choix entre ce legs et la part héréditaire, mais c'est là un moyen justificatif qui échappera dans la plupart des cas. Cette sévérité pour les legs vient de l'ancien principe d'incompatibilité entre la qualité d'héritier et celle de légataire ; mais aujourd'hui que le préciput est permis, il fallait, pour être conséquent, le supposer dans les legs faits au successible. Aussi pour restreindre autant que possible les effets de ce principe regrettable, chercherons-nous à faire opérer le rapport des legs, de

manière qu'ils puissent produire quelques effets et que la disposition testamentaire ne soit pas une lettre morte. (V n°° 139, 189-191.)

63. Malgré cette anomalie inexplicable, nous tenons toujours pour certain que la vraie cause de l'obligation du rapport, c'est la présomption de la loi, que le défunt n'a pas entendu que son héritier pourrait cumuler tout ensemble et les avantages qu'il lui a faits et sa part héréditaire.

SECTION III. — *Comparaison du rapport et de la réduction.*

64. Le rapport enlève au donataire ce qu'il a reçu ; il y a dans le code une autre institution qui a le même effet, mais qu'il faut bien se garder de confondre, c'est la réduction.

Le rapport a pour but de protéger l'égalité entre les cohéritiers ; la réduction assure à certains héritiers privilégiés une portion du patrimoine, la réserve. La première est fondée sur l'intention présumée du défunt, la seconde y est souvent contraire ; de là des différences capitales, soit quant à la naissance, soit quant à l'exécution de l'obligation. Ainsi le rapport est dû par un héritier donataire ou légataire à ses cohéritiers quelconques, quelque modique que soit le don, mais on peut en être dispensé, et on peut s'y soustraire en y renonçant. La réduction est due par tout donataire ou légataire héritier ou non aux parents réservataires, quand le don excède la quotité disponible, on ne peut en être dispensé. En outre, des textes formels nous indiquent d'autres différences importantes : en matière de rapport, les meubles s'estiment d'après leur état lors de la donation (art. 868), les immeubles, lors de l'ouverture de la succession (art. 860) ; pour la réduction, les meubles et les immeubles s'estiment d'après leur état lors de la donation et leur valeur au moment de l'ouverture (art. 922). Les fruits des choses sujettes à rapport sont dus toujours du jour du décès, car l'héritier donataire sait qu'il doit rapporter ; ceux des biens sujets à réduction sont dus à compter du même jour, si la demande est faite dans l'année du décès ; à compter du jour de la demande, si elle est faite postérieurement, car le donataire ne pouvait pas savoir s'il y aurait lieu à réduction. Le rapport n'atteint pas les tiers acquéreurs, contrairement à la règle *resoluto jure dantis resolvitur jus accipientis* (art. 860) ; la réduction est soumise à ce principe du droit commun (art. 930).

65. On a souvent critiqué la formule de l'art. 844 qu'on a accusé de confondre le rapport et la réduction : la dispense de rapport, nous apprend-il, ne peut pas permettre au préciputaire d'entamer la réserve, ce qui dépasse la quotité disponible est sujet à *rapport*. C'est *réduction* qu'il fallait employer, a-t-on dit, parce qu'il s'agit de sauvegarder la réserve. Nous croyons cependant que, dans les relations entre cohéritiers, c'est un rapport, et que les règles de cette institution

sont applicables, sauf aux réservataires de préférer l'action en réduction, par exemple, pour faire résoudre les aliénations (V. n° 100).

CHAPITRE II

PAR QUI LE RAPPORT EST DU

66. Comme nous l'avons dit, la cause du rapport, c'est l'intention du défunt, qui est présumé n'avoir pas voulu avantager un de ses successibles aux dépens des autres; de là nous tirons cette règle, qu'il y aura lieu à rapport, dès que les deux qualités d'héritier et de donataire ou légataire seront réunies sur la même tête. Mais le *de cujus* a pu indiquer formellement son intention d'avantager son successible; alors en présence d'une volonté expresse, la présomption de la loi n'a plus de fondement, il y aura dispense de rapport; d'un autre côté, le successible peut ne pas venir à la succession du donateur; la renonciation le fait traiter comme un étranger par les héritiers acceptants; il n'est plus héritier; il pourra donc garder la libéralité qu'il a reçue; donc il y a encore dans ce cas exception à l'obligation du rapport.

67. Ainsi, nous avons une règle et deux exceptions que nous étudierons successivement dans trois sections :

1° De la réunion sur la même tête des deux qualités d'héritier et d'avantagé ;

2° De la dispense de rapport ;

3° De la renonciation du successible avantagé.

SECTION Ire. — *De la réunion sur la même tête des deux qualités d'héritier et d'avantagé.*

68. Nous venons de dire que la condition essentielle pour être soumis au rapport, c'était de réunir sur sa tête la qualité d'héritier et celle de donataire ou de légataire ; ajoutons que cette réunion des deux qualités doit exister au moment de l'ouverture de la succession du disposant, car c'est à cette époque que se pose la question de rapport.

Nous allons, dans deux paragraphes, expliquer successivement ces deux points : 1° qu'il faut être héritier, 2° qu'il faut être donataire ou légataire.

§ 1er. Il faut être héritier.

69. *Tout héritier*, dit l'art. 843, doit le rapport des libéralités qu'il a reçues.

Le droit romain n'obligeait au rapport que les descendants et en dispensait les ascendants et les collatéraux ; les coutumes avaient en général adopté ce principe, qui avait fini par devenir le droit commun de celles qui étaient muettes sur ce point (V. n° 53). Le Code ne distingue pas ; le principe reconnu juste pour les héritiers descendants doit l'être pour les autres lignes. Ainsi, tout héritier, à quelque ligne qu'il appartienne, à quelque degré qu'il soit, doit le rapport de ce qu'il a reçu.

70. Tout héritier, *même bénéficiaire* (art. 843), doit le rapport. Ces mots, ajoutés sur l'observation du tribunal de Cassation, tranchent une ancienne controverse; cette décision est du reste tout à fait conforme aux principes, car le bénéfice d'inventaire n'a d'intérêt que vis-à-vis des créanciers et des légataires de la succession, mais ne change en aucune façon les relations entre les cohéritiers. Que l'héritier avantagé accepte donc purement et simplement ou seulement sous bénéfice d'inventaire, il est toujours héritier; or, nous savons qu'on ne peut conserver une libéralité et prendre part à la succession de celui qui l'a faite. Cette nécessité de rapport rend quelquefois la renonciation préférable à une acceptation même bénéficiaire; voilà pourquoi l'art. 461 impose au tuteur l'obligation d'obtenir l'autorisation du conseil de famille pour prendre parti sur une succession échue à son pupille.

71. Tous les héritiers sont donc soumis au rapport; mais il faut savoir ce qu'on entend ici par le mot *héritier*, car il est employé, même dans le Code, avec des acceptions bien différentes. Il est pris ici dans un sens tout pratique : ne sont héritiers, d'après l'art. 843, que les successibles appelés directement par la loi, mais tous ces successibles le sont.

72. Ainsi d'abord il n'y a que les héritiers *ab in-*

testat qui aient à rapporter ; le Code a rejeté la règle contraire posée par Justinien pour s'en tenir aux principes coutumiers. Cela résulte du sens ordinaire du mot *héritier* et du motif qu'il n'y a plus à ménager l'égalité établie par le législateur, puisqu'on se trouve en présence des dispositions tout à fait libres et souvent arbitraires d'un testateur. Nous dirons donc que les donataires ou les légataires même à titre universel ne sont pas obligés au rapport, soit vis-à-vis des héritiers, soit entre eux ; nous verrons plus loin que, par réciprocité, ils ne peuvent pas l'exiger.

73. D'un autre côté sont obligés au rapport tous les successibles *ab intestat*, héritiers réguliers ou successeurs irréguliers ; car les motifs du rapport, l'égalité, la concorde dans les familles, l'intention présumée du défunt, exigent une solution uniforme, quelle que soit la qualité de la parenté qui donne des droits sur la succession, qu'elle soit légitime ou naturelle; l'art. 857 nous montre, du reste, dans quel sens large est pris le mot *héritier*, puisqu'il l'emploie par opposition à légataire.

74. Nous sommes ainsi amenés à parler de l'*imputation de l'enfant naturel*, réglée par l'art. 760, ainsi conçu : « L'enfant naturel ou ses descendants sont tenus d'imputer sur ce qu'ils ont le droit de prétendre, tout ce qu'ils ont reçu du père ou de la mère dont la succession est ouverte et qui serait sujet à rapport d'après les règles établies à la section II du chapitre VI du présent titre. » Certains auteurs ont voulu voir

dans cette imputation une institution distincte du rapport. Imputer, ont-ils dit, ce n'est pas rapporter en nature, c'est toujours rapporter en moins prenant, c'est précompter ce qu'on a reçu, ce qui constitue pour les immeubles une grande différence avec le rapport; car, dans ce système, l'enfant naturel a l'avantage de conserver l'immeuble qui lui a été donné, en en précomptant la valeur sur sa part héréditaire, tandis que le donataire, héritier légitime, doit le rapporter en nature, et, quand par exception il peut le rapporter en moins prenant, il aura, à son tour, l'avantage d'estimer cet immeuble d'après sa valeur au moment de l'ouverture de la succession, au lieu de s'occuper, comme pour l'enfant naturel, de la valeur au moment de la donation. Cette imputation, ce rapport obligatoire en moins prenant s'explique, ajoute-t-on, par le désir de la loi manifesté à plusieurs reprises, d'écarter du partage l'enfant naturel dont la présence pourrait amener des froissements et peut-être des haines regrettables dans une famille.

75. Les partisans de ce système se divisent sur ses conséquences. Les biens donnés à l'enfant naturel seront-ils comptés dans la masse sur laquelle la part de cet enfant doit se calculer? Chabot répond négativement: « Car, dit-il, les biens donnés à l'enfant naturel sont sortis irrévocablement du patrimoine du père et n'y doivent pas rentrer. » Marcadé répond affirmativement: l'enfant étant débiteur d'une somme,

la valeur de la succession s'accroît de cette somme pour former la masse où l'enfant doit prendre part ; agir autrement serait violer l'art. 857 ; il n'aurait pas le tiers auquel il a droit et il s'en écarterait d'autant plus qu'il aurait reçu davantage. Même divergence sur le point de savoir pour qui sera la perte de l'immeuble, quoiqu'on ne puisse, si l'on ne veut pas être inconséquent, que la laisser au compte de l'enfant.

76. Ces divergences sont un des motifs qui nous engagent à adopter l'opinion de M. Valette, opinion à laquelle s'est rangé M. Demolombe. On peut la formuler ainsi : L'imputation n'est autre chose que le rapport ordinaire, modifié par cette règle que l'enfant naturel ne peut pas recevoir comme légataire ou donataire plus que ne lui accorde la loi dans la succession *ab intestat* ; l'art. 760 a pour but d'empêcher la violation de l'art. 908. Cette opinion s'appuie sur les principes : l'enfant naturel a droit à une fraction de ce que reçoit un enfant légitime ; mais sa portion est soumise aux mêmes règles ; la partie a le même droit et les mêmes obligations que le tout ; c'est dans cet esprit qu'est conçu l'art. 760, qui prend soin de renvoyer à la section des Rapports. En outre, le rapport est le droit commun développé dans une longue série de règles ; le mot *imputation* perdu dans un article ne suffit pas pour constituer à lui seul une institution différente. Enfin il serait étonnant que l'enfant naturel, moins bien traité d'ordinaire que l'enfant

légitime, eût sur lui l'avantage énorme de n'avoir pas à rapporter en nature, de n'avoir pas à se priver d'un immeuble auquel il s'est attaché. Quant au motif fondé sur le désir de la loi d'exclure le successeur naturel des opérations du partage, il n'est pas assez puissant pour empêcher son immixtion, quand il ne lui a pas été fait de donation.

77. Dans notre système, les conséquences découlent tout naturellement; nous appliquons à l'imputation toutes les règles du rapport, sauf celles qu'exclut la position d'enfant naturel.

Comme il ne peut rien recevoir au delà de la part déterminée par la loi, nous donnons les décisions suivantes : 1° Il ne pourra pas être dispensé du rapport ; 2° Il devra rapporter le don fait à son conjoint ou à ses enfants, en même temps que le don fait à lui-même ; 3° Ses descendants venant de leur chef à la succession du donateur devront rapporter ce qu'ils ont reçu et aussi ce qu'a reçu leur père. Ces doubles rapports ont lieu contrairement aux art. 847-849, parce que, d'après l'art. 911, les libéralités faites au conjoint, aux descendants ou aux ascendants d'un incapable sont présumés faits à l'incapable lui-même.

78. N'oublions pas qu'au moment où la libéralité est faite, il n'est pas besoin d'être héritier présomptif; pourvu qu'on soit héritier au moment de l'ouverture de la succession, peu importe le temps antérieur. L'art. 846 prend la peine de nous le dire de la ma-

nière la plus formelle, quoique l'art. 843 eût pu à lui seul faire admettre cette décision, conforme à l'idée qui a inspiré le rapport; le législateur a craint qu'on argumentât de cette situation de non-successible pour expliquer le silence du donateur au sujet de la dispense du rapport, motif d'ailleurs peu plausible, puisque la clause de préciput aurait pu être écrite postérieurement à la donation, ou dans la donation même par prévision.

79. Nous pouvons dire ici quelques mots d'une question qui se rattache à notre matière, quoiqu'il ne soit plus question d'héritiers. L'un de ceux qui, demandant l'envoi en possession provisoire des biens d'un absent, a reçu de cet absent une donation, doit-il la rapporter? On a répondu négativement en faisant remarquer que les art. 120 et 123 ne s'occupent que d'une question d'administration et seulement des biens qui appartenaient à l'absent lors de sa disparition. Mais l'affirmative nous semble préférable, car le donataire jouirait peut-être pendant trente ans de sa part dans l'envoi provisoire et de l'objet de la donation, et évidemment, lors de l'envoi en possession définitif, on serait obligé de recommencer le partage; du reste, si le donataire invoque la présomption de mort pour demander l'envoi provisoire, cette présomption pourra donc lui être opposée: *quod produco non reprobo ;* enfin si, au lieu d'une donation, il s'agissait d'un legs, tout le monde serait d'accord pour admettre qu'il ne pourrait être réclamé par un envoyé: pourquoi dis-

tinguer, puisque la loi n'a pas séparé les deux cas.

§ 2. Il faut être donataire ou légataire.

80. Nous savons qu'outre la nécessité d'être héritier, il faut encore être avantagé pour avoir à rapporter ; car c'est la libéralité qui est la cause et en même temps l'objet du rapport. Il faut donc être donataire ou légataire ; ajoutons qu'il faut l'être personnellement. Peu importe qui a profité de la libéralité ; à qui a-t-elle été faite, qui est en nom dans l'acte, telle est la seule question nécessaire, sauf ce que nous dirons plus loin sur les donations faites par personnes interposées. Un cousin vient à une succession en concours avec d'autres cousins ; son père a reçu une donation du *de cujus* et cette donation est maintenant, par suite du prédécès du père, dans les biens du cousin cohéritier. Il serait juste, pour arriver à une égalité parfaite entre les cohéritiers, que le cousin qui a bénéficié de la donation la rapportât ; mais la loi, pour éviter toute difficulté, n'a pas voulu tenir compte des avantages qui peuvent résulter pour tel ou tel cohéritier de donations faites à une autre personne.

81. C'est ainsi qu'on arrive aux solutions des articles 847-849 : le père ne doit pas rapporter la donation faite à son fils ; ni le fils, le don fait à son père ; ni le conjoint, le don fait à son conjoint.

Toutes ces décisions sont conformes aux principes de notre matière, puisque nous ne trouvons pas sur la même tête les deux qualités d'héritier et de donataire.

Le code néanmoins a cru devoir le dire expressément, mais dans une formule peu heureuse qui a donné lieu à des difficultés : Ces dons et legs, dit-il à deux reprises, sont réputés faits avec dispense de rapport.

82. Nous savons que comme la plupart des coutumes interdisaient les libéralités préciputaires, on avait cherché à les éluder en faisant la donation à un étranger chargé de la transmettre au successible. Pour éviter ces fraudes, on établit des présomptions d'interposition de personnes, variant à l'infini, suivant les jurisconsultes, mais s'accordant généralement au sujet de l'enfant et du conjoint du successible ; on arriva ainsi à ce qu'on appela la théorie des *rapports pour autrui*.

83. Aujourd'hui le préciput étant permis, il n'y a plus de présomption de personnes interposées à invoquer pour soumettre au rapport des libéralités qui, en définitive, ne sont pas faites au successible. Aussi le projet de l'an viii abrogeait-il en termes fort clairs l'ancienne théorie : Art. 162 : « L'héritier n'est tenu de rapporter que le legs qui lui a été fait personnellement. » — Art. 163 : « Le père ne rapporte pas le don fait à son fils non successible. » — Art. 165. « ....Les dons faits au conjoint d'un époux successible ne sont pas rapportables. »

84. Lors de la discussion au conseil d'Etat, M. Tronchet fit observer qu'un père qui voudrait avantager un de ses enfants pourrait, si cet enfant était marié en communauté, donner à l'autre conjoint ; en conséquence comme l'enfant est en réalité donataire, il

voulait le rapport. La section de législation regarda cette observation comme sans portée, attendu, disait très-justement M. Treilhard, que *le père n'a pas besoin de masquer l'avantage qu'il veut faire au conjoint successible, puisqu'il peut ouvertement le dispenser du rapport.* Et M. Tronchet répliqua qu'alors la section établit la présomption *qu'il y a eu dispense de rapport, mais qu'il vaut mieux l'exprimer.* Et sur cette observation le texte du projet fut changé en celui des art. 847-849, où les dons et legs faits au père, au fils ou au conjoint des successibles, sont réputés faits avec dispense de rapport.

85. Plusieurs auteurs s'en tiennent à l'observation de M. Tronchet. Les donations faites au père, au fils ou au conjoint du successible sont supposées faites au successible lui-même, mais en même temps elles sont dispensées de rapport. Marcadé, qui admet cette interprétation, la regarde comme nécessaire en présence des art. 911 et 1100, qui pourtant ne présument l'interposition de personnes que quand il s'agit d'un incapable de recevoir.

86. Pour nous, nous ne cherchons que le but que s'est proposé la loi : elle a voulu abroger les anciens rapports pour autrui, c'est-à-dire ne plus présumer d'interposition de personnes ; le projet le disait formellement ; l'observation de M. Tronchet qui a amené la malheureuse rédaction actuelle, ne change pas la pensée première d'abrogation de l'ancien droit. Cette présomption s'expliquait sous les coutumes où l'inter-

position était un moyen fréquent d'éluder de sévères dispositions prohibitives ; aujourd'hui ces prohibitions n'existent plus, il n'y a plus de motif pour qu'un donateur adresse au fils la donation qu'il veut faire au père ; il pourrait courir un danger si le fils est de mauvaise foi ou insolvable, sans recueillir aucun avantage. Enfin l'art. 848 n'a pas subi de changement de rédaction ; or le motif était le même que dans les art. 847 et 849 pour dire : « sont réputés faits avec dispense de rapport ; » nous en conclurons que ces derniers articles ne signifient rien de plus que l'art. 847, conforme au projet.

87. Cette discussion n'est pas simplement théorique, car nous verrons plus tard (n° 109) que la généralisation du premier système est une des bases de l'opinion qui voit dans toute donation faite à personne interposée une dispense suffisante de rapport ; en outre on arriverait aussi dans ce système à cette conclusion admise dans l'ancien droit que, puisque c'est le père qui est en réalité donataire, c'est de lui que le fils tient la libéralité et que par conséquent c'est à la succession du père qu'il doit le rapport, ce qui est contraire à l'art. 850 qui établit l'obligation du rapport seulement pour la succession du donateur.

88. Ainsi le père ne doit pas le rapport du don fait à son fils, quand même il en aurait profité.

Pareillement le fils venant de son chef à la succession du donateur n'est pas tenu de rapporter le don fait à son père, quand même il aurait accepté la succes-

sion de celui-ci (art. 848). Ces derniers mots complè-
tent l'abrogation de l'ancien droit qui dans cette acceptation voyait un profit tiré de la donation et sujet à rapport.

89. Après avoir prévu le cas où l'enfant du donataire
vient de son chef à la succession du donateur, l'article 848 prévoit le cas où il vient par représentation à
cette succession ; alors, nous dit-il, le fils doit rapporter ce qu'a reçu son père, quand même il aurait
répudié la succession de celui-ci. Cette seconde décision est encore tout à fait conforme aux principes.
Nous savons en effet que la représentation a pour but
de maintenir l'égalité entre les différentes branches
d'une famille venant à une succession et qu'elle a pour
effet de faire entrer les représentants dans la place,
dans le degré et dans les droits du représenté (art. 739).
Le représentant, jouissant des mêmes droits que le représenté, est soumis aux mêmes obligations ; on peut
dire que vis-à-vis de la succession, il perd sa personna-
lité pour prendre celle du représenté. Donc il doit
rapporter ce qu'a reçu ce dernier, quand même il
n'aurait pas profité du don, quand même il aurait répudié sa succession.

90. L'art. 848 nous donne bien une décision au sujet
de la donation faite au représenté, mais il est muet
sur celle qu'a pu recevoir le représentant. Celui-ci,
outre le rapport de la libéralité faite à son père qu'il
représente, doit-il celui du don qu'il a reçu personnellement? la question se complique si on suppose en

outre des donations faites à des parents de degrés intermédiaires, que le représentant est obligé de fran-
chir pour arriver au représenté. La solution à fournir
donne naissance à une controverse, les uns soumettant
au rapport la libéralité faite au représentant, les autres ne l'y obligeant pas.

91. Nous écarterons tout d'abord un système mixte
qui veut faire rapporter la donation reçue par le représentant, mais non celle faite aux parents des degrés intermédiaires, en faisant remarquer que les
rares partisans de cette distinction peu rationnelle
méconnaissent les principes mêmes de la représentation ; car le représentant, montant de son propre degré
à celui qui le précède, en prend les droits et obligations avant de passer au degré supérieur ; donc ce qu'il
doit faire personnellement, il devra le faire aussi au
nom du premier représenté, qui devient représentant
vis-à-vis un degré plus éloigné. Ce voyage forcé de
degré en degré est de l'essence de la représentation, et
il est le seul moyen d'expliquer le partage par souche,
qui s'opère à chaque branche.

92. Nous restons donc en présence des deux opinions extrêmes, dont nous éclairerons l'exposition par
un exemple : Pierre a deux fils qui chacun ont un
fils ; il donne par avancement d'hoirie 100,000 francs
à chacun de ses fils, et 50,000 francs à chacun de ses
petits-fils. L'un des fils meurt, puis Pierre le donateur.
Le fils survivant vient à la succession en concours avec
le petit-fils, qui représente le fils prédécédé ; chacun

d'eux rapportera 100,000 francs, montant de la libéralité faite aux deux fils; mais le petit-fils devra-t-il aussi le rapport du don qu'il a reçu personnellement, c'est-à-dire 50,000 francs? Telle est la question à résoudre.

93. Premier système. — Le représentant doit le rapport même de la donation qu'il a reçue personnellement.

M. Demolombe établit cette opinion sur le raisonnement suivant : le représentant doit le rapport de ce qu'il a reçu, car il se trouve dans les conditions où il y a lieu à rapport : il est donataire, il est héritier et il vient à la succession du donateur; le représentant est bien héritier *ex capite proprio et ex propria persona:* car s'il n'avait pas une vocation personnelle, il ne pourrait pas être représentant; le silence de l'art. 848 s'explique, puisque le représentant étant héritier est compris dans les termes généraux de l'art. 843.

94. Second système. — Le représentant ne doit rapporter que la libéralité faite au représenté, et non celle qu'il a reçue personnellement.

Nous partageons complétement les idées des jurisconsultes qui adoptent cette opinion (Marcadé, sur l'art. 848; M. Duverger à son cours), et c'est avec leur autorité que nous combattons celle de M. Demolombe. Pour être soumis au rapport, il faut être héritier et donataire; ici nous trouvons bien deux donataires, mais il n'y a qu'un héritier et il ne peut y en avoir qu'un; il ne doit donc y avoir qu'un rapport. Il est évident que quand une seule personne est appelée à une succession, deux personnes, l'une représentât-elle l'autre, ne peuvent pas se dire héritières. D'après les principes, c'est le représenté qui est héritier; aussi est-ce la donation à lui faite que l'art. 848 oblige au rapport. Donc le représentant n'est pas héritier, et par conséquent ne doit pas le rapport pour son compte personnel. Mais, nous dit M. Demolombe, en réalité c'est bien le représentant qui est héritier, il a une vocation personnelle et le représenté, lui, ne l'a jamais été, puisqu'il est prédécédé; donc que le représentant rapporte. Mais alors le représenté, que dans l'exemple donné nous supposons être le fils du donateur, pourquoi aura-t-il aussi à rapporter? On ne peut pas dire: le fils est fictivement héritier, il doit le rapport, le petit-fils est réellement héritier, il doit aussi le rapport; il y a fiction et il n'y a pas fiction. Non, le représentant ne peut pas succéder *proprio nomine* et *alieno nomine;* il faut opter. Le code, obéissant aux principes, s'est prononcé pour le représenté dont la donation sera rapportable, et c'est ce qui explique le silence de l'art. 848 sur la donation faite au représentant; la décision donnée sur un point lui semblait devoir enlever tout doute sur l'autre.

95. Remarquons que l'équité impose cette seconde opinion, car la doctrine contraire arrive à des conséquences très-dures et directement contraires au but de la représentation : une ligne aurait à rapporter plusieurs libéralités, tandis que l'autre, pour arriver

aussi à la succession, n'aurait qu'un seul rapport à faire ; dans notre exemple où chacune a reçu la même somme, l'une serait obligée de remettre à la masse 150,000 francs, et l'autre seulement 100,000. M. Demolombe reconnaît lui même que ces conséquences sont *un peu dures*, et qu'il est *regrettable* que les autres enfants du *ce cujus* retirent un avantage du prédécés de leur frère ; mais son inquiétude se calme à la pensée que les cas où il en sera ainsi se présenteront rarement. Nous rejetterons donc une opinion dont la sévérité laisse des remords à ses partisans, pour nous en tenir aux principes de la représentation et du rapport et pour ne reconnaître qu'un seul héritier, et par suite un seul donataire soumis au rapport.

96. S'il y a deux enfants appelés à une succession par représentation de leur père, il est bien évident que l'un d'eux pourra renoncer à la succession et qu'alors celui qui acceptera seul, devra rapporter entière la donation faite à son père dont il recueillera la part entière. Si nous supposons maintenant que le père de ces deux enfants est mort après leur grand-père, mais sans avoir pris parti sur sa succession, les deux enfants devront s'entendre sur le parti à prendre au sujet de la succession de leur grand-père ; s'ils ne s'entendent pas, la succession devra être acceptée sous bénéfice d'inventaire (art. 782); cette disposition est regrettable, car le mauvais vouloir d'un héritier peut imposer aux autres une acceptation bénéficiaire qui les obligera à un rapport désavantageux.

97. L'art. 849 clot la série des cas pour lesquels la loi abroge l'ancienne règle des rapports pour autrui, en s'occupant des donations faites à des conjoints. Il distingue trois hypothèses : 1° si la donation est faite au conjoint successible seul, il devra la rapporter, car c'est lui qui est héritier ; 2° si elle est faite conjointement aux deux époux, celui qui est héritier a seul à rapporter la moitié de la libéralité ; 3° si enfin elle est faite au conjoint seul de l'héritier, celui-ci n'a rien à rapporter et cela quand même il serait prouvé que l'époux héritier a profité indirectement de cette libéralité, par exemple, si la donation est mobilière et que les époux soient communs en biens ; en effet ce bénéfice pour l'héritier ne résulte pas de la donation, mais de son association avec son conjoint : s'il est héritier, il n'est pas donataire. Cette donation, ajoute notre article, est réputée faite avec dispense de rapport ; c'est toujours la formule que nous avons critiquée précédemment ; mais nous pouvons remarquer que c'est ici que l'erreur de rédaction peut se justifier le mieux, puisqu'il y a évidence que l'époux non donataire profitera de la libéralité ; aussi est-ce cette hypothèse que M. Tronchet avait invoquée pour fonder son observation.

98. Nous aurons à voir plus loin dans quels cas la femme donataire n'a à rapporter que l'action qu'elle a contre son mari pour se faire restituer sa dot, au lieu de cette dot elle-même (n°s 145 et 146).

Section ii. — *De la dispense de rapport.*

99. Nous avons vu quelles étaient les différentes règles des coutumes au sujet de la possibilité pour le donateur·de dispenser son successible du rapport (n°⁵ 51-53). Le Code a adopté le principe des coutumes dites de préciput, et il l'a étendu aux legs, ce qu'on n'avait jamais osé faire dans l'ancien droit par respect pour la règle d'incompatibilité entre les qualités d'héritier et de légataire.

L'art. 843 nous pose en effet cette restriction à l'obligation pour l'héritier de rapporter : « A moins que les dons et legs ne lui aient été faits expressément par préciput et hors part ou avec dispense de rapport. » (Comp. art. 919.) L'obligation du rapport reposant en partie sur l'idée que le donateur n'a voulu faire qu'un avancement d'hoirie, doit cesser, quand cette présomption tombe par une déclaration contraire du disposant.

100. L'art. 844 nous indique immédiatement les limites du droit de dispenser ; il est évident que la clause de préciput ne peut pas permettre au donataire d'entamer la réserve, qui a des règles spéciales et à laquelle le donateur ne peut pas toucher. Aussi l'excédant de la quotité disponible est-il, malgré le préciput, sujet à *rapport ;* c'est le mot exact, nous le maintenons dans l'art. 844, malgré les critiques dont il a été l'objet (V. n° 65).

Le donateur, qui peut dispenser de tout rapport, peut aussi dispenser seulement du rapport en nature, de manière que l'héritier conserve l'objet donné ou légué, sauf à le précompter sur sa part (V. n° 206).

101. Nous devons nous occuper maintenant du point de savoir comment la dispense peut être donnée. La loi autorise bien la dispense; mais comme elle conserve toujours des préférences avouées pour l'égalité entre les héritiers, elle ne la présume jamais; elle veut qu'elle soit faite *expressément* (art. 843). De l'avis de tous les auteurs, une phrase spéciale, *ad hoc*, n'est pas exigée; il suffit d'une manifestation de volonté non équivoque : *Nisi expressim designaverit se velle non fieri collationem* (nov. 18), ce que les commentateurs traduisent par *evidenter*. Cela est du reste conforme au système général du Code qui n'exige jamais des expressions sacramentelles. Nous dirons donc que la dispense peut être littérale ou virtuelle.

102. A. La *dispense littérale* est celle qui est écrite en termes exprès; c'est le mode le plus sûr. On peut employer séparément ou cumulativement les expressions *par préciput* ou *hors part*, ou *avec dispense de rapport*, ou toute autre expression équipollente, comme cette clause : le donataire cumulera la libéralité avec sa part dans la succession, ou bien, le surplus des biens sera partagé entre le légataire et les autres successibles. Dans tous ces cas il y a dispense formelle.

103. Cette dispense peut être accordée dans l'acte

même ou bien dans un acte postérieur dans la forme des donations entre vifs ou testamentaires (art. 919). Quand elle a lieu dans l'acte même, elle peut ne pas être faite dans la forme des actes à titre gratuit, par exemple, si, dans un acte de vente, le vendeur déclare dispenser du rapport le don qui peut résulter de la différence entre la valeur réelle et le prix stipulé ; car si on admet la validité de la donation principale, il faut admettre celle de la donation accessoire. La dispense postérieure étant une nouvelle libéralité, il n'est pas étonnant que l'acte qui la contient soit soumis aux formes des actes à titre gratuit ; par conséquent la dispense est soumise à la validité de l'acte ; s'il est nul, elle n'existe pas.

104. B. La dispense virtuelle suffit, avons-nous dit, pourvu qu'elle ne cesse pas d'être expresse, évidente, non équivoque. Elle peut résulter :

1° De l'ensemble des dispositions : par exemple, si le défunt a mis des legs à la charge spéciale d'un de ses héritiers, c'est dispenser du rapport ceux à qui ces legs sont faits ; de même, si le défunt a fait un legs à un de ses héritiers, puis a grevé les autres à son profit d'une rente viagère. (Cass., 17 mai 1825.)

105. 2° De la nature de la disposition : ainsi nous verrions une dispense de rapport dans une disposition universelle faite au profit d'un héritier, car il n'y a plus lieu à un partage, et par conséquent la question de rapport ne peut se présenter ; même décision dans le cas où il y aurait eu un partage d'ascendant. La

même solution est admise par la Cour de cassation et la plupart des auteurs lorsque la donation faite à un successible est grevée d'une substitution ; cela résulte de l'impossibilité ou au moins de l'extrême difficulté de concilier le rapport avec la conservation obligatoire des biens grevés. (Cass., 16 juin 1830, 23 février 1831.) Cependant comme ce n'est pas précisément la volonté du défunt qu'on peut invoquer, peut-être faudrait-il dire que la dispense doit être restreinte dans les limites où a lieu l'impossibilité de rapporter, ce qui en définitive aboutirait simplement à une dispense de rapport en nature, la substitution n'empêchant nullement le rapport en moins-prenant. Si le grevé était mort avant le donateur, le motif n'existe plus : les appelés devraient donc le rapport ordinaire, suivant le principe qu'ils tiennent les biens substitués *a gravante non a gravato* (V. n° 148). Le legs de la quotité disponible, la clause de retour des biens donnés, la réserve d'usufruit ne nous semblent pas constituer des clauses préciputaires ; nous n'y voyons pas une manifestation évidente de la volonté du défunt.

106. Nous arrivons en suivant cet ordre d'idées à une question très-délicate et vivement controversée. La dispense de rapport peut-elle résulter des précautions qu'a prises le disposant pour dissimuler sa libéralité ? En d'autres termes, les *donations faites à personnes interposées ou déguisées sous les apparences d'un contrat à titre onéreux* sont-elles, par ce fait seul de dissimulation, dispensées du rapport ?

Pour que la question se présente sous ces deux aspects, il faut d'abord décider avec la jurisprudence et un grand nombre d'auteurs que les donations déguisées sous la forme d'un contrat à titre onéreux sont valables ; c'est une question intéressante, que nous ne pouvons traiter ici, parce qu'elle nous entraînerait trop loin de notre sujet ; nous la supposerons donc résolue. Comme seconde condition, nous exigerons qu'il n'y ait pas de discussion sur le caractère de l'acte, que l'existence de la libéralité soit tout à fait hors de doute.

107. Trois systèmes répondent à la question :

1° Les donations déguisées sont dispensées du rapport par le fait même du déguisement (Marcadé, MM. Aubry et Rau sur Zachariæ).

2° Ces donations ne sont pas virtuellement dispensées de rapport ; mais la preuve de la dispense sera facilitée pour elles et pourra résulter de présomptions indépendantes de l'acte ; c'est le système adopté par la jurisprudence.

3° Ces donations ne sont jamais dispensées de rapport, par le fait même du déguisement ; elles sont donc à ce point de vue complétement assimilées aux donations régulières (MM. Valette, Demante, Demolombe, Duverger) ; c'est l'opinion que nous préférons.

Ainsi, pour MM. Aubry et Rau, le déguisement suppose nécessairement la dispense ; pour la jurisprudence, il est un acheminement considérable vers la

dispense ; pour nous, il laisse complétement intacte
la question de dispense.

Nous allons étudier les arguments de chacun de ces
systèmes, nous réservant de discuter ceux des deux
premiers, en exposant le troisième.

108. Premier système. — Le déguisement et l'interposition de personnes impliquent la dispense de
rapport.

Il est vrai, dit-on, que la loi fait rapporter les donations soit directes, soit indirectes ; mais il faut bien
distinguer une libéralité indirecte d'une libéralité
déguisée. Une donation indirecte peut résulter d'un
nombre considérable de faits se présentant toujours
avec leur véritable caractère gratuit, comme la renonciation à une succession, la remise d'une dette, un
cautionnement, etc.; ces donations indirectes se font
au grand jour et rien n'indique de la part du donateur
qu'il ait voulu les rendre préciputaires. Au contraire,
le déguisement et l'interposition de personnes constituent des donations occultes, cachées, dissimulant à
tous leur véritable portée ; cette dissimulation mani-
feste tacitement, il est vrai, mais très-énergiquement
l'intention de les soustraire au rapport. Car, quel
serait le but de cette voie occulte, si ce n'était d'affran-
chir du rapport, et, d'un autre côté, comment exige-
rait-on une dispense expresse alors que le contrat est
qualifié vente ou que la donation est faite à un intermédiaire ; si on reconnaît la validité de ces donations,
il faut renoncer à les assujettir au rapport.

109. Cette distinction entre les libéralités indirectes et les libéralités occultes n'est pas une pure fantaisie, elle repose sur la loi. Ainsi, l'art. 1099, dans un premier alinéa, décide que les conjoints ne peuvent se donner indirectement au delà de ce que permettent les dispositions précédentes, et, dans un second alinéa, il prononce la nullité de toute donation déguisée ou faite à personne interposée. Donc ces deux espèces de donations sont bien distinguées dans l'art. 1099, puisqu'il établit une pénalité différente pour chacune. On peut encore citer les art. 847 et 849 qui supposent des cas où il y a interposition de personnes et en même temps présomption de dispense ; comme cette présomption tient à l'interposition et non aux relations de parenté, elle doit être généralisée. Enfin, l'art. 918 prévoit le cas d'une vente à fonds perdu faite à un successible en ligne directe ; dans cette opération il présume une libéralité, mais aussitôt il la déclare préciputaire ; quelle serait la cause de cette faveur, si ce n'est le déguisement ; cet exemple nous indique la marche à suivre. Et les décisions précédentes reposent même sur un raisonnement *a fortiori*, car dans les espèces prévues par la loi, le déguisement et l'interposition ne sont que présumés, tandis que, dans les autres cas, ils seront prouvés directement.

110. Enfin MM. Aubry et Rau ont fait le raisonnement suivant qui est assez ingénieux mais qui déplace un peu la question : « Les actes qui ne fraudent pas la loi doivent être appréciés ou jugés suivant l'appa-

rence qu'ils présentent, sans même qu'il y ait lieu de s'enquérir du caractère qu'ils peuvent avoir en réalité. Ici le déguisement d'une libéralité ne saurait constituer une fraude à la loi, ni une fraude aux droits des cohéritiers du donataire, puisque le donateur avait le droit de dispenser de l'obligation du rapport et qu'il est permis de faire indirectement ce qu'on peut faire directement. »

111. Deuxième système. — Le déguisement des donations n'emporte pas forcément dispense de rapport ; mais la preuve de la dispense sera singulièrement facilitée et pourra résulter de présomptions tirées de circonstances même étrangères à l'acte et abandonnées à la discrétion des tribunaux.

Ce système intermédiaire, adopté par la jurisprudence, n'est en réalité qu'une modification du précédent ; nous verrons qu'au fond les deux théories se confondent en accordant à la dissimulation le pouvoir de faire des libéralités préciputaires. Il ne repose que sur le désir de se conformer à l'intention présumée du défunt, désir bien légitime, il est vrai, mais qui ne doit pas conduire à une solution contraire à l'intention du législateur, qui exige non pas une manifestation quelconque de volonté, mais une dispense *expresse*.

112. La base si faible de ce système ne peut le soutenir longtemps contre les attaques qu'il a à subir des partisans des deux autres opinions. Chacune, en effet, peut le traiter d'inconséquent ; car ou le mot

indirectement de l'art. 843 s'applique aux donations déguisées, et alors il faudra exiger une dispense expresse, ou il ne s'y applique pas et alors le déguisement suffira. Il est impossible de dire avec la première partie de l'article : oui, les donations déguisées sont indirectes, par conséquent elles sont soumises au rapport ; et en même temps de repousser la seconde partie du même article qui veut une dispense expresse ; si ces donations sont dans la règle, elles ne peuvent en sortir que par l'exception prévue par la loi. Et, en outre, pourquoi favoriser l'acte dissimulé et réserver toute sa rigueur pour l'acte sincère.

113. Il faut donc, pour être conséquent, reconnaître ou refuser complétement à la dissimulation le pouvoir de dispenser du rapport ; ajoutons encore que ce système intermédiaire a le grand inconvénient pratique de multiplier les procès, puisque la justice devra toujours intervenir pour peser les circonstances qui pourront compléter la preuve de la dispense.

Partant du même principe que Marcadé, mais effrayée de ses conséquences, la jurisprudence hésite ; au lieu de voir une présomption légale, elle n'établit qu'une présomption simple ; mais comme le point de départ est le même, cette opinion, outre le reproche d'inconséquence qu'elle encourt, aura encore à lutter contre les objections que nous ferons au premier système.

114. Troisième système. — Les donations déguisées ou faites à personnes interposées sont indirectes, par

conséquent elles sont soumises au rapport, tant qu'elles n'en sont pas dispensées expressément.

Ce système, qui est celui que nous adoptons, s'appuie sur les art. 843 et 853. Et d'abord l'art. 843 corroboré par l'art. 919 : le donataire doit le rapport de tout ce qu'il a reçu soit directement, soit indirectement, à moins qu'il n'y ait dispense expresse de rapport; or, dans notre hypothèse, cette dispense n'existe pas; d'un autre côté, la libéralité n'est pas directe, donc elle est indirecte ; donc, d'après l'art. 843, elle doit être rapportée. En effet, on ne peut pas établir une troisième classe d'actes : ce qui ne va pas droit au but est nécessairement indirect ; des donations occultes, cachées, latentes, de quelque nom qu'on veuille les appeler, devront inévitablement rentrer dans la catégorie des donations directes ou dans celles des donations indirectes ; donc le troisième terme de la distinction proposée par le premier système n'a pas de raison d'être.

115. On veut s'appuyer pour le conserver sur l'art. 1099 ; faisons observer d'abord que c'est un article sur l'interprétation duquel on ne s'accorde guère. Pour nous, nous pensons, en présence de l'art. 911 et du but que la loi s'est proposé dans cet art. 1099, que son second paragraphe n'est que le développement du premier et que la nullité qu'il prononce n'a lieu que pour ce qui dépasse la quotité disponible, en un mot que c'est simplement une réduction ; donc la distinction qu'y cherchaient nos adversaires n'existe

pas. Mais en admettant même que l'art. 1099 a prévu deux cas différents, l'argument invoqué tomberait encore devant cette considération que, si le législateur a distingué les donations déguisées des donations indirectes, c'est pour déployer plus de sévérité pour les premiers, tandis que nos adversaires cherchent à les favoriser.

116. Nous nous en tiendrons donc à notre premier raisonnement et nous sommes d'autant plus fondés à le faire qu'il reproduit la théorie de notre ancien droit. Pothier cite précisément comme exemple de libéralité indirecte une donation déguisée : « Les avantages même indirects sont sujets à rapport : telles sont les donations que le défunt aurait faites à l'un de ses enfants par l'interposition d'une tierce personne ou celles qui auraient été déguisées sous l'apparence d'un autre contrat. » (Introd. à la Cout. d'Orléans, Tit. XVII, n° 77.) Et si on nous objecte que la théorie de Pothier se comprenait à une époque où le préciput était généralement prohibé, nous répondrons qn'il n'invoque pas la nullité des clauses préciputaires pour exiger le rapport, mais bien la seule qualité de donation déguisée ; notre argument ne se trouve donc pas entamé.

117. Nous arrivons à la seconde base de notre système, à l'art. 853. Cet article s'occupe des *conventions à titre onéreux* passées entre le défunt et son héritier ; les profits que ce dernier en a pu retirer, ne sont pas soumis au rapport, *si les conventions ne présentaient*

aucun avantage indirect, lorsqu'elles ont été faites.
Donc, si les actes avaient présenté un avantage indirect, il devrait être rapporté. Cela est singulièrement
clair ; et il est remarquable que la loi ait employé
cette expression *avantage indirect* pour un cas où il
s'agit précisément d'une donation déguisée sous les
apparences d'un contrat à titre onéreux. Cette solution
attaque si directement le système contraire, qu'on a
naturellement cherché à en atténuer la portée. On a
d'abord voulu soutenir que cet art. 853 ne s'occupait
que d'avantages indirects *patents*, comme s'il était
possible de trouver dans sa rédaction aussi générale
que possible un indice quelconque de cette distinction.
On a ensuite prétendu que l'art. 853, complété par
l'article suivant, ne s'occupait que d'une question de
réduction et nullement d'une question de rapport ;
cela résulte, a-t-on dit, de ce que la loi exige que les
contrats soient faits *sans fraude*, fraude à quoi, si ce
n'est à la loi sur les réserves, car il ne peut y avoir
fraude de la part du défunt à avoir dispensé du rapport par une voie détournée, puisqu'il pouvait le faire
ouvertement. — Mais pourquoi, répondrons-nous,
aller chercher une explication purement divinatoire
dans une matière tout à fait étrangère, au lieu d'entendre cet article dans le sens régulier, *secundum
subjectam materiam* : la fraude est ici l'infraction à la
règle qui exige une dispense expresse. En effet, ces
art. 853 et 854 s'occupent bien des mêmes avantages;
cela résulte du mot *pareillement* qui les soude l'un à

l'autre ; mais le législateur n'a pas voulu employer deux fois de suite l'expression *avantage indirect*, et il y a substitué celle-ci, faits sans fraude, moins exacte, mais ayant bien certainement le même sens que la première. (V. n° 185.)

118. Pour confirmer pleinement notre manière de voir, nous avons à répondre aux arguments de nos adversaires. Notre réponse aux art. 847 et 849 invoqués contre nous consistera dans un simple renvoi à l'explication détaillée que nous avons donnée précédemment de ces articles (V. n°ˢ 81-87) ; nous avons vu que leur seul but était de supprimer les anciens rapports pour autrui et la présomption d'interposition. Ajoutons que même en adoptant l'interprétation que nous avons rejetée, à savoir que ces articles supposent l'interposition et dispensent du rapport, on ne peut pas conclure que c'est l'application d'un principe général qui permettrait les dispenses tacites de rapport ; c'est simplement un moyen de prévenir les doutes qui auraient pu surgir d'après les traditions de l'ancien droit.

119. Quant à l'art. 918, il affranchit, il est vrai, du rapport la libéralité qu'il déclare résulter d'une vente à fonds perdu ou avec réserve d'usufruit faite à un successible en ligne directe. Mais c'est là une disposition tout à fait exceptionnelle et qui peut donner prise à la critique ; sans la justifier, on l'explique par des motifs qui n'existeraient pas en dehors des hypothèses prévues par l'article. Un père vend à fonds

perdu ou avec réserve d'usufruit à son fils un de ses immeubles; c'est un acte d'un caractère douteux : la vente est-elle sérieuse ou bien cache-t-elle une libéralité? Au lieu de laisser trancher ce doute par les tribunaux suivant les circonstances, le législateur a voulu donner lui-même une décision; mais comme en fait elle pourra être contraire à la réalité, il a pris un terme moyen pour concilier tous les droits. Il y a donc présomption légale que l'acte n'est au fond qu'une libéralité déguisée, mais en même temps cette libéralité présumée est déclarée dispensée du rapport, afin que le successible ne soit pas en perte, si l'acte a été sérieux et si des payements ont été faits. Mais, en dehors de cette hypothèse, quand le déguisement, au lieu de résulter d'une simple présomption, est directement prouvé, le motif de dispense tacite n'existe plus. Ce qui montre le caractère tout exceptionnel de cet article et le peu de fondement qu'on peut en tirer pour une conséquence générale, c'est qu'il ne s'applique pas aux successibles en ligne collatérale et que, même en ligne directe, il ne peut être invoqué par ceux qui ont reconnu le caractère sérieux du contrat.

120. Mais n'est-il pas évident, objecte-t-on encore, que la forme détournée prise par le disposant est la preuve de son intention de faire profiter irrévocablement le donataire de la libéralité; et comment voudrait-on qu'il écrive une dispense dans un contrat qualifié vente ou ne comprenant pas le nom du do-

nataire réel ; ce serait se contredire d'une manière flagrante. Nous répondrons d'abord que rien n'empêche le donateur d'écrire la dispense dans un autre acte comme il a droit de le faire ; quant à la première partie de l'objection, nous ferons observer qu'elle reconnaît que les donations déguisées sont comprises dans l'art. 845 : c'est donc changer complétement de système de défense ; et en outre il n'est pas difficile d'expliquer le détour pris par le disposant autrement que par l'intention d'une dispense : peut-être est-ce pour se soustraire aux reproches de sa famille, pour éviter des haines et des jalousies entre ses héritiers ; le plus souvent ce sera pour diminuer les droits de mutation ; il n'y a pas de manifestation de volonté évidente, non équivoque.

Notre système sort donc victorieux des attaques dirigées contre lui ; nous croyons même qu'il s'est fortifié en découvrant la faiblesse de l'opinion contraire.

121. La même discussion se reproduit au sujet des *dons manuels :* par les mêmes raisons nous les déclarons soumis au rapport ; ce sont du reste, au premier chef, des donations directes, à moins de distinguer s'ils sont patents ou occultes, distinction que nous regardons comme inutile en droit et difficile en pratique.

SECTION III. — *De la renonciation du successible avantagé.*

122. Nous avons dit, d'après les art. 844 et 845,

que pour être soumis au rapport, il fallait arriver à la succession ; l'art. 845 formule plus nettement cette règle : « L'héritier qui renonce à la succession peut cependant retenir le don entre vifs ou réclamer le legs à lui fait jusqu'à concurrence de la portion disponible. » Ainsi la loi a rejeté les rigueurs de certaines coutumes et de la loi de ventôse, en n'obligeant pas au rapport l'héritier renonçant.

Ce que nous disons du renonçant s'applique aussi à l'indigne, car dans les deux cas le successible n'arrive pas à la succession.

123. La combinaison de l'art. 845 avec les principes de la réserve a donné lieu à de sérieuses difficultés que nous regrettons de ne pas pouvoir approfondir, leur place se trouvant bien mieux dans un travail sur la quotité disponible que dans une étude sur les rapports. Nous allons donc simplement exposer notre manière de comprendre cet article, sauf à résumer les opinions contraires dans un exposé historique des variations de la jurisprudence sur ce point.

124. Le successible renonçant gardera, disons-nous, le don qu'il a reçu, sans cependant qu'il puisse recevoir plus que la quotité disponible. Rien ne nous semble plus évident : le rapport en effet, ayant pour but de rétablir l'égalité entre les cohéritiers, n'est dû que par celui qui est héritier ; or le renonçant est réputé n'avoir jamais été héritier (art. 785); donc il n'est pas soumis au rapport, donc il pourra garder le don ou le legs à lui fait, *ainsi qu'un étranger pourrait le faire ;*

ces mots si expressifs se trouvaient dans le projet Jac-
queminot (art. 154) et dans celui de la commission de
l'an VIII (art. 160). Ils furent, lors de la rédaction définitive, retranchés comme superflus, « le style des lois
étant un style de disposition et non de comparaison »
(Dalloz, Répert., V° succession, n° 1030). Ainsi la suppression des mots n'entraîne pas la suppression du
principe : la comparaison était juste et il en résulte
que, comme un étranger, l'héritier renonçant gardera
sa libéralité dans les limites de la quotité disponible ;
ce sont les expressions mêmes de l'art. 845, d'accord
avec les principes.

125. Il en résulte que le successible donataire se
trouve dans une position fort avantageuse, car pour
peu qu'il ait des doutes sur les forces de la succession,
pour peu qu'il craigne que sa part héréditaire soit
inférieure à la libéralité qu'il a reçue, il s'empressera
de renoncer pour garder un bien d'une valeur supérieure ou peut-être simplement auquel il tient beaucoup et pour éviter les chances d'un partage. On peut
dire que la loi suppose que le défunt a laissé à son successible le choix entre sa part héréditaire et la libéralité ; l'option du successible se fait par l'acceptation ou
la répudiation.

126. Malheureusement il peut arriver que cette
présomption de la loi soit contraire aux intentions du
défunt Supposons un père, qui donne à un de ses
enfants des biens qui épuisent sa quotité disponible et
qui fait ensuite des libéralités à des personnes qui lui

ont rendu les plus grands services, peut-être même sauvé la vie, il est évident que le père aura pensé que l'accomplissement de ces dons, marques de sa reconnaissance, aurait lieu sur sa quotité disponible laissée intacte, le fils ayant reçu simplement sa part héréditaire ou un à-compte sur cette part. Mais voilà que le fils renonce à la succession, dérange tous les projets de son père et contrairement à son intention prend la quotité disponible, à l'exclusion de tous autres donataires ou légataires postérieurs. C'est là évidemment un inconvénient pratique regrettable qu'amène l'obligation d'appliquer les principes. Nous ne voyons qu'un seul remède à ce résultat fâcheux : le disposant qui sait à quoi la renonciation du successible peut exposer les donations qu'il pourra faire postérieurement n'a qu'à imposer au donataire qu'il gratifie cette condition que la donation sera rapportable quoi qu'il arrive, encore bien qu'il renonce à la succession ; mais c'est là un secours tiré des effets de la condition résolutoire et non des règles du rapport.

127. Telle est notre doctrine et vraiment on ne sait pas comment, en présence des termes de l'art. 845, on a pu soulever pour le renonçant l'incroyable prétention de cumuler sa réserve et la quotité disponible. Mais, comme nous l'avons dit, nous ne pouvons entrer dans le détail de ces questions et nous devons nous contenter d'indiquer la marche de la jurisprudence, dont les variations sur ce point sont célèbres, en ne traitant que ce qui entre directement dans notre sujet.

128 La Cour de cassation adopta d'abord l'interpré-tation que nous avons admise pour l'art. 845, dans l'arrêt si connu sous le nom des parties, Laroque de Mons (18 février 1818). Mais bientôt les doutes, expri-més timidement lors de cette affaire, reparurent plus hardis et la Cour de cassation, s'effrayant à son tour de l'inconvénient pratique que nous avons signalé, crut y remédier en décidant que le don du renonçant s'imputerait d'abord sur la réserve et subsidiairement sur la quotité disponible, mais sans pouvoir dépasser jamais le montant de cette quotité (Aff. Mourgues, 11 août 1829 ; Aff. Castille, 25 mars 1834). Cette doc-trine, connue sous le nom de système d'*imputation*, fut plus ou moins modifiée par ses partisans : Marcadé, par exemple, ne donne au renonçant de droit que sur la portion disponible et qu'après l'acquittement com-plet des dons et legs postérieurs.

On le voit, le but cherché, c'est d'éviter que la pos-sibilité d'exécuter les donations et legs du défunt dépende de l'acceptation du successible avantagé. Mais les moyens nous semblent devoir être rejetés : d'abord le but cherché ne sera pas toujours atteint, la difficulté sera alors seulement reculée; en effet le don peut égaler la part du successible dans la réserve et la quotité disponible réunies. Et les mots de l'art. 845, *jusqu'à concurrence de la quotité disponible*, qu'en fait-on? Ils n'indiquent pas, a-t-on dit, les biens que pourra conserver le renonçant, mais seulement le *quantum* de ce qu'il pourra conserver sur les biens disponibles ou non. Comment ! deux articles se suivent, comprenant tous deux les mêmes expressions, et on prétend, sans raisons aucunes, qu'elles ont chaque fois un sens différent, et cela pour rompre l'égalité que le rapport est précisément destiné à rétablir ! Quant à la fraude qu'on redoute et qui ferait colluder les cohéritiers avec le donataire pour le faire renoncer afin d'écarter les donataires postérieurs, que ceux-ci la prouvent et on les restituera contre les effets de cette renonciation concertée.

129. Sur la pente où s'était placée la jurisprudence il était difficile de s'arrêter et le système de l'imputation devait conduire à la doctrine du *cumul*. « Il n'était pas difficile de prévoir que la jurisprudence, cessant de faire une distinction nette et franche entre les biens disponibles et la réserve, et créant au profit des père et mère, par un subterfuge, une sorte de quotité disponible fictive quand la vraie était épuisée, se familiariserait bientôt avec cette idée que l'héritier renonçant pouvait conserver la véritable réserve ; de là au cumul de la réserve et de la quotité disponible, un peu de distraction aidant, il n'y avait qu'un pas. » (M. Valette, journal *le Droit*, 27 décembre 1845). Ce pas fut fait par la Cour de cassation dans le fameux arrêt Leproust-Navareau (17 mai 1843). Remarquons que si la doctrine de l'imputation se lie à celle du cumul au point qu'elle lui a donné naissance, il y a néanmoins entre elles cette différence essentielle que la question d'imputation suppose un conflit entre les réservataires

acceptants et les donataires postérieurs, tandis que celle du cumul suppose un débat entre le renonçant et les réservataires acceptants.

150. La Cour de cassation persista dans sa doctrine malgré la vive opposition des cours impériales et les constantes réclamations des jurisconsultes les plus autorisés. Enfin, un arrêt de la cour de Riom (12 mars 1858) continuant cette opposition fut cassé par la Cour suprême le 25 juillet 1859. La Cour de renvoi, Bourges, ayant jugé comme celle de Riom (14 janvier 1860), l'affaire arriva devant les chambres réunies de la Cour de cassation qui, dans son arrêt solennel du 27 novembre 1863, revint aux principes proclamés en 1818, principes dont on n'aurait jamais dû s'écarter.

151. Voici comment, pour terminer, nous résumerons nos idées sur ces points importants que nous n'avons pu qu'effleurer : la réserve est la succession elle-même ; pour y avoir droit il faut être héritier ; le renonçant n'a jamais été héritier ; il est étranger à la succession et n'a pas droit à la réserve ; il ne compte donc pas pour la réserve ; la libéralité qui lui est faite s'impute sur la quotité disponible seulement ; par conséquent la question du cumul ne peut se présenter.

CHAPITRE III

A QUELLE SUCCESSION LE RAPPORT SE FAIT

152. Le rapport ne se fait qu'à la succession du donateur (art. 850); cette règle a été formulée, malgré son évidence, parce qu'il peut arriver qu'une autre succession que celle du donateur se trouve diminuée par la donation. Ainsi, un petit-fils reçoit une libéralité de son aïeul, qui meurt laissant pour héritier le père du donataire; le rapport ne sera pas dû plus tard à la succession du père, quoiqu'elle se trouve amoindrie de la valeur de ce don, parce que le bien donné n'a jamais fait partie du patrimoine du père et que l'aïeul pouvait en gratifier un étranger aussi bien que son petit fils. Ajoutons que notre art. 850 a encore l'avantage d'indiquer que le rapport se fait au moment de l'ouverture de la succession.

153. Il sera toujours facile de savoir quel a été le donateur; c'est celui qui a parlé dans l'acte. Il ne peut y avoir doute que pour les constitutions de dot et les substitutions. Pour les constitutions de dot, l'intention des parties et les art. 1438, 1439, 1544, 1545 et 1546 donneront toujours une solution facile. Si les père et mère, mariés en communauté ou sous le régime dotal, dotent conjointement l'enfant commun, chacun est réputé être donateur pour moitié (art. 1438 et 1544); souvent la donation est déclarée imputable

sur la succession du prémourant, qui alors est le seul
donateur. Si en communauté le mari dote un enfant
commun en effets de communauté, la femme n'est
réputée donataire pour moitié que si elle accepte la
communauté (art. 1439). Sous le régime dotal, le mari
est seul donateur, si la femme n'a pas parlé (art. 1544).
Sans distinction pour les régimes, si le survivant des
père et mère constitue une dot pour biens paternels
et maternels sans spécifier les portions, elle se prendra d'abord sur les biens du futur époux dans la
succession du conjoint prédécédé et le surplus sur les
biens du constituant (art. 1545). Quoique la fille dotée
par ses père et mère ait des biens à elle propres, dont
ils jouissent, la dot sera prise sur les biens du constituant, s'il n'y a stipulation contraire (art. 1541).
Quant à la donation avec substitution, nous avons déjà
dit que, même vis-à-vis des appelés, le donateur était
le constituant, d'après le principe qu'ils tiennent les
biens *a gravante non a gravato* (V. n° 105). Tous ces
points n'offrent donc aucune difficulté sérieuse.

CHAPITRE IV

A QUI LE RAPPORT EST DU

134. Le rapport ayant pour but de maintenir
l'égalité dans la division des biens d'une personne

entre ses cohéritiers, l'art. 857 tire cette conséquence :
« Le rapport n'est dû que par le cohéritier à son
cohéritier; il n'est pas dû aux légataires ni aux
créanciers de la succession. » M. Demolombe a for-
mulé cette règle d'une manière qui nous dispensera
de longs commentaires : « Le rapport est dû à ceux qui
le devraient. » Il y a donc une corrélation intime entre
les solutions que nous avons données en recherchant
qui doit le rapport et celles qui répondent à cette
question : à qui est dû le rapport. De là nous tirerons
les conclusions suivantes :

135. 1° Le rapport est dû à tout héritier, même
bénéficiaire, dans quelque ligne et à quelque degré
qu'il soit ;

2° Il est dû à l'enfant naturel ; nous avons vu, en
effet, que l'imputation qu'il devait faire n'est qu'une
modification du rapport, donc il a droit de l'exiger;

3° Il est dû à chaque cohéritier individuellement et
non à la souche dont on fait partie;

4° Il n'est pas dû au prédécédé, au renonçant, à
l'indigne;

5° Il n'est pas dû à d'autres qu'aux héritiers *ab
intestat*, par conséquent pas aux légataires même universels.

136. C'est ce qui nous amène au corollaire de
l'art. 857, qui défend aux créanciers et aux légataires
d'exiger le rapport. Cette règle, malgré son apparence
absolue, est soumise à bien des restrictions ; nous
l'étudierons plus loin, en nous occupant des effets du

rapport à l'égard des tiers, où nous verrons en même temps que si le rapport ne peut pas profiter aux légataires et créanciers de la succession, il ne peut pas non plus leur nuire (V. n°s 228 et s., 234 et s.).

CHAPITRE V

DE QUELLES LIBÉRALITÉS LE RAPPORT EST DU OU N'EST PAS DU

137. Sauf dispense expresse, avons-nous dit, toutes les libéralités sont soumises au rapport ; pour être exact, il faut ajouter que la loi a fait quelques exceptions à ce principe général. Dans une première section, nous étudierons la règle et ses conséquences ; dans une seconde, les exceptions à la règle.

SECTION Ire. — *Des libéralités soumises au rapport.*

138. L'héritier ne peut retenir les dons, ni réclamer les legs à lui faits par le défunt (art. 843). Nous allons nous occuper avec cet article des dons et des legs, en commençant par les legs qui ne nous arrêteront pas longtemps. Nous rappelons que nous avons rejeté à la fin de notre étude ce qui concerne le rapport des dettes qui ne peuvent trouver place dans un chapitre où on ne parle que de libéralités.

§ 1ᵉʳ Des legs.

139. Nous avons vu (n° 62) comment logiquement il était difficile, dans une législation permettant le préciput, de justifier le rapport des legs ; nous ne reviendrons pas sur ce point. Le Code, par un souvenir malheureux des anciennes coutumes d'égalité, a prononcé formellement l'obligation du rapport pour les legs : « L'héritier, venant à succession, ne peut réclamer les legs à lui faits » (art. 843). Ces mots sont aussi larges que possible ; il n'y a donc pas à distinguer s'ils sont universels ou particuliers. En nous occupant de l'exécution du rapport, nous aurons à étudier le point intéressant de savoir comment se fera celui des legs ; nous renvoyons donc à notre chapitre VI (n°ˢ 189-191).

§ 2. Des donations entre vifs.

140. « L'héritier… doit rapporter… tout ce qu'il a reçu du défunt par donation entre vifs, soit directement soit indirectement… » Cette phrase de l'art. 843 doit être lue avec soin, chaque mot renferme un principe.

« … *Tout* ce qu'il a reçu… » Ainsi de quelque nature que soient les biens donnés, meubles ou immeubles, corporels ou incorporels, de quelque importance grande ou minime qu'en soit la valeur, à quelque époque que remonte la donation, il y a lieu à rapport. Nous devons cependant ajouter quelques explications en ce qui concerne l'ancienneté et l'importance. D'a-

bord pour l'importance, nous avons à faire une restriction : dans l'ancien droit, on exigeait que la donation
fût de somme notable ; un article du projet de Camba-
cérès avait même fixé comme *minimum* pour les dons
manuels une valeur de 2,000 francs. Le code n'a pas
reproduit ces règles et il a eu raison ; tout cela en effet
dépend de la position et de la fortune de chacun ; il
semble même exiger le rapport des plus petites donations, du moins on peut le dire par analogie de
l'art. 960 qui les révoque pour cause de survenance
d'enfant. Nous pensons que c'est là le vrai principe,
mais qu'il est limité par l'art. 852 qui dispense du
rapport les présents d'usage ; quand, d'après les circonstances ou la fortune du disposant, le don manuel
pourra rentrer dans cette catégorie de présents, nous
le dispenserons du rapport ; hors de là, il restera soumis à la règle. Quant à l'ancienneté, il est évident
qu'on ne pourrait invoquer la prescription contre les cohéritiers, car ils ne sont créanciers du rapport que si le
donataire est et reste héritier, condition qui n'est remplie qu'à l'ouverture et à l'acceptation de la succession ;
or, jusqu'à l'arrivée de la condition, la prescription
ne court pas contre les créances conditionnelles
(art. 2257).

141. « ... Ce qu'il a *reçu*... » Nous savons en effet
que pour avoir à rapporter il faut être personnellement
donataire, et qu'il ne suffit pas de profiter indirectement d'un acte qui n'était pas une donation, ou qui
n'était pas adressé à celui que l'on veut faire rap-

porter ; le mot *indirectement* s'applique au mode de donner et non à la manière de profiter du don. Il faut aussi avoir reçu effectivement ; car, comme le fait remarquer M. Demolombe, rapporter c'est rendre, et on ne peut rendre que ce que l'on a reçu. Ainsi un père promet une dot à sa fille, mais ne la lui paye pas; il est évident qu'il n'y aura pas de rapport, quoique dans certains cas on puisse reprocher à la fille de n'avoir pas réclamé sa dot, pour sauver, par exemple, de la faillite de son père une somme considérable que se seraient ensuite partagée tous les héritiers. Nous pouvons encore citer ce cas très-curieux qui s'est présenté : Un père promet une dot à sa fille, il meurt au bout de trente ans sans l'avoir payée ; les cohéritiers disaient : Nous réclamons le rapport, la dot a été payée ; si nous ne présentons pas de quittance, c'est que nous en sommes dispensés par la prescription. La fille répondit avec raison : La prescription dispense de payer, parce que, outre d'autres motifs, elle fait présumer le payement; mais elle ne peut rendre quelqu'un créancier ; donc, jusqu'à ce que vous prouviez que j'ai réellement reçu la dot, je n'ai rien à rapporter (Cass., 25 juillet 1853).

142. « ... Reçu du *défunt...* » Car le rapport est précisément destiné à égaliser les héritiers de ce défunt. Nous pouvons citer un exemple remarquable de l'application de cette règle : Sous le régime dotal, si le mariage a duré dix ans depuis l'échéance des termes pris pour le payement de la dot, la femme ou ses hé-

ritiers pourront la répéter contre le mari, après la dissolution du mariage, sans être tenus de prouver qu'il l'a reçue, à moins qu'il ne justifiât de diligences inutilement par lui faites pour s'en procurer le paye-ment (art. 1569). Le père a promis 100,000 francs; dix ans s'écoulent sans poursuites du mari; puis le mariage est dissous; la femme pourra réclamer cette dot de 100,000 francs à son mari ou à ses héritiers; mais ces 100,000 francs ne seront pas rapportables quand la femme viendra à la succession de son père, car ce n'est pas de lui qu'elle les tient, mais de son mari; et si on objecte qu'elle a ainsi, par suite de la promesse de dot, 100,000 francs de plus que ses frères et sœurs, nous répondrons qu'il ne lui est pas défendu de s'enrichir, pourvu que ce ne soit pas aux dépens de ses cohéritiers et qu'ici la cause de l'enrichisse-ment est moins la promesse de la dot que la faute du mari.

143. « ... Reçu par *donation*... » Évidemment il faut qu'il y ait libéralité pour qu'on ait à parler de rapport; nous nous sommes du reste déjà occupés des legs, nous ne parlons donc plus que des dons entre vifs.

« ... Soit *directement* soit *indirectement*... » Ces mots sont aussi larges que possible et comprennent toutes les espèces de donations, comme nous allons le voir.

I. — Des donations directes.

144. Les donations directes sont celles qui sont faites suivant les formes prévues par le code ou bien au moyen

de la tradition. Dans cette classe nous comprenons :

1° La donation entre vifs ordinaire.

145. 2° La donation par contrat de mariage ; on ne peut conclure *a contrario* de l'art. 1090, qui parle de la réduction de ces donations et est muet sur leur rapport ; il y a application des principes sur un point, ce qui n'exclut pas la même application sur un autre point ; du reste l'art. 1573 parle précisément du rapport de cette espèce de donation. Nous avons toutefois à noter une exception importante : Une fille qui a reçu une dot de son père, doit la rapporter quand même elle serait perdue pour elle par suite de l'insolvabilité de son mari ; c'était à elle à prendre ses précautions et à demander la séparation de biens. Cette solution toute juste deviendrait inique, si la femme n'avait pas à se reprocher la perte de sa dot ; aussi Justinien l'obligeait seulement à rapporter son action en restitution contre son mari (V. n° 44). Cette règle fut admise en France dans les pays de droit écrit et reproduite dans le code au chapitre du régime dotal (art. 1573) : « Si le mari était déjà insolvable et n'avait ni art ni profession, lorsque le père a constitué une dot à sa fille, celle-ci ne sera tenue de rapporter à la succession du père que l'action qu'elle a contre celle de son mari pour s'en faire rembourser. » La faute est au père, qui a manqué de prudence, la perte retombe sur lui.

146. Comme on le voit, cet article est une grave dérogation aux principes du rapport, aussi doit-il être entendu limitativement ; ainsi il ne s'appliquerait

pas à la dot constituée en immeubles, car tous les termes de l'article, *insolvabilité, perte de la dot, remboursement*, supposent qu'il s'agit d'une créance et par conséquent d'une dot mobilière, et en outre le père n'est pas en faute s'il a donné un immeuble qui reste sous la surveillance de la femme et sous l'énergique protection de la loi, tandis qu'au contraire la dot mobilière tombant dans le patrimoine d'un insolvable se trouve *perdue aussitôt que constituée*, comme le disait si bien le tribun Duveyrier. Nous n'appliquerons pas non plus l'art. 1573 à d'autres régimes qu'au régime dotal, puisque l'exception a été spécialement faite pour lui comme l'indique son origine romaine.

147. 3° La donation onéreuse ;

4° La donation rémunératoire ; pour ces deux espèces de donations, il y eut dans l'ancien droit beaucoup d'hésitation sur le caractère qu'on devait leur attribuer. Cependant les dernières ordonnances les considéraient comme des libéralités, en les soumettant aux formalités des donations. La même solution, pensons-nous, doit être adoptée aujourd'hui : le Code montre sa manière de voir dans l'art. 960 qui révoque les donations rémunératoires pour cause de survenance d'enfant ; ce sont donc des libéralités, il y a donc lieu au rapport. Mais bien entendu, il faudra indemniser le donataire pour les services rendus, s'ils sont constants et appréciables en argent ou pour les charges dont était grevée la donation qu'il rapporte. Nous n'admettons donc pas l'opinion de M. Demolombe, qui distingue si les charges ou les services égalent à peu près l'objet donné, auquel cas il n'y a pas rapport, ou s'ils lui sont inférieurs et alors il y a rapport ; cette distinction aboutira le plus souvent à des résultats contraires à l'intention du disposant, qui a appelé l'acte *donation* pour qu'il fût soumis aux règles des contrats à titre gratuit ; l'art. 868, seule base de cette opinion, nous semble s'occuper seulement de la manière d'exécuter le rapport, mais il ne pose aucun principe sur ce qui est rapportable.

148. 4° La donation avec substitution, du moins pour les appelés à la substitution, qui tiennent les biens *a gravante non a gravato;* pour le grevé nous renvoyons à ce que nous en avons dit aux dispenses de rapport (n° 105).

149. 5° Le don manuel ; les règles sont les mêmes, qu'il soit patent ou occulte, mais le premier rentre seul dans la catégorie des libéralités directes, les dons manuels latents sont des donations indirectes. Les dons manuels sont soumis au rapport, parce que, quoique dispensés des formes, ils n'en conservent pas moins, et même très-énergiquement par leur nature, le caractère gratuit ; ils sont donc soumis aux règles de fond. Quant à la question d'importance, nous renvoyons à ce que nous avons dit au n° 140. Ce sera aussi par un renvoi que nous rappellerons la question de savoir si, en choisissant une forme qui ne laisse aucune trace, le disposant n'a pas eu l'intention de dispenser du rapport (n° 124).

150. Nous avons déjà eu occasion de parler de ces donations, en nous demandant si les libéralités déguisées, que nous avons considérées comme une espèce du genre, étaient, par le fait même du déguisement, dispensées du rapport, question que nous avons résolue négativement (n°ˢ 106-120). Il y a donation indirecte, et par conséquent rapport, chaque fois que le donataire se trouve avoir été gratifié par le défunt en dehors des formes spéciales et du don manuel. Ainsi dès qu'il y a une diminution du patrimoine du défunt correspondant à une augmentation de celui du successible, nous disons : il y a libéralité rapportable, à moins de dispense expresse ou d'exception prévue par la loi.

151. Les donations indirectes peuvent avoir lieu de trois manières : ou par un acte entre le donateur et son successible, ou par un acte provenant du seul fait du donateur, ou enfin par un acte fait entre le défunt et un tiers.

152. A. Donations indirectes résultant d'un acte passé entre le défunt et son successible. — Nous allons énumérer les principales :

1° Le contrat à titre onéreux déguisant un avantage : nous aurons à parler plus loin (n°ˢ 178 et s. des contrats ne présentant, lorsqu'ils sont faits, aucun avantage indirect. Ainsi la libéralité, résultant d'un contrat à titre onéreux fait avec l'intention avouée ou secrète d'avantager le successible, est rapportable. Ce sera aux tribunaux à apprécier en fait si cette intention existe ; mais en tout cas, il faut que l'avantage soit assez considérable pour qu'il ne puisse pas s'expliquer par un bon marché, car l'égalité absolue, étant très-rarement atteinte, ne peut pas être exigée ; ce serait retirer d'une main ce que de l'autre on accorde en permettant les contrats à titre onéreux entre le successible et son auteur. D'un autre côté, pour admettre qu'il y ait donation, nous n'exigerons pas que la différence entre le prix stipulé et la valeur réelle soit celle qui est nécessaire pour constituer la lésion, de plus des sept douzièmes; il peut bien y avoir libéralité sans une aussi grande dépréciation. Une offre supérieure refusée, une expertise dans une vente, l'étude des clauses, la comparaison des apports, la non-authenticité de l'acte dans les associations indiqueront facilement s'il y a donation et quel est le *quantum* de cette donation. Pour un bail, la preuve sera plus difficile, parce qu'il faudra tenir compte de la préférence utile et raisonnable du locateur pour une personne dont il connaît la gestion, de l'accroissement des revenus dus à la bonne administration du locataire et d'une foule d'autres circonstances, qui fixent le choix d'un bon père de famille sur un fermier plutôt que sur un autre.

153. Une question délicate sur le point qui nous occupe est de savoir ce qu'on rapportera : sera-ce l'objet même du contrat, en détruisant la convention?

Sera-ce seulement ce qui constitue l'avantage, en maintenant le contrat? En supposant une vente, pourra-t-on réclamer le rapport de l'immeuble en entier, sauf le remboursement du prix payé, ou seulement une valeur égale à l'avantage obtenu? Cette question, agitée déjà chez les Romains, du moins dans un cas analogue, et diversement résolue suivant les écoles, a traversé aussi les discussions de nos vieux auteurs, pour arriver jusqu'à nous. On a proposé de distinguer s'il y avait réellement vente pour une partie et accessoirement libéralité pour le surplus, ou bien donation principale sous les apparences d'une vente; dans le premier cas, on ne rapporterait que la valeur de l'avantage, dans le second il y aurait rapport intégral, sauf indemnité pour le prix, s'il y a lieu. D'autres, pour éviter les contestations qui pourraient s'élever sur ce point délicat, ont demandé le rapport intégral sans distinction. — Pour nous, nous distinguons si l'immeuble est divisible ou non; s'il est divisible, il y aura rapport d'une part proportionnelle à la différence entre le prix payé et la valeur réelle; s'il est indivisible, on rapportera l'immeuble entier ou seulement l'avantage indirect, suivant que le prix est inférieur ou supérieur à la moitié de la valeur réelle, sauf à être remboursé du prix quand c'est l'immeuble qui est rapporté. Cette solution s'appuie sur l'art. 866 qui règle une hypothèse tout à fait analogue : Un immeuble, donné à un successible avec dispense de rapport, dépasse la quotité disponible; il y a donc un retranchement à faire; il s'opère comme nous venons de le dire ; nous appliquons au rapport ce qui est dit pour la réduction, car les motifs sont les mêmes.

154. 2° Le prêt; mais il donne naissance à une dette ; nous en étudierons donc le rapport plus tard.

3° Le commodat ou prêt de consommation gratuit; le successible, comme le fait remarquer Demante, n'a ici d'autre avantage que la jouissance ; or, la jouissance procurée pendant la vie de l'auteur n'est pas rapportable (art. 856); le rapport consistera donc uniquement dans la cessation à partir du décès de la jouissance de l'emprunteur, malgré la convention d'un terme plus éloigné.

155. 4° La remise de la dette; évidemment c'est une libéralité, de quelque manière qu'elle ait lieu, par la remise du titre, par la suppression de ce titre, par une décharge sans payement, etc. Mais il y a doute pour la remise résultant du concordat intervenu après la faillite du successible; trois solutions ont été présentées sur ce point : La première n'oblige qu'au rapport du dividende; la remise du surplus de la dette n'est pas une libéralité, puisqu'elle est forcée: « La monnaie de faillite, dit à ce sujet Renouard, de mauvais aloi en morale individuelle, est frappée par la loi commerciale sous l'empire de la nécessité, morale aussi, d'être équitable envers tous, à un titre qui lui donne le même cours que si elle était monnaie véritable. Le concordat, tant que sa fidèle exécution l'a laissé debout, a tenu pour soldée toute la portion

dont il a fait remise; les cohéritiers n'ont rien à réclamer, car leur auteur a été payé. » (*Des Faillites*,
t. II, p. 77.) Une seconde opinion, adoptée par M. Demolombe, distingue si le prêt a été fait dans l'intérêt du
successible ou dans l'intérêt du défunt; ce ne sera que
dans le premier cas qu'il y aura rapport intégral de la
dette; car, dans l'autre hypothèse, l'héritier n'a pas été
donataire, et la remise l'a libéré de la dette; il ne sera
tenu que du rapport du dividende(Cass.,22 août 1843 et
17 avril 1850). Enfin, un troisième système, auquel nous
a converti l'exposition qu'en a faite M. Labbé(*Revue pratique*, 1859, t. VII, p. 187 et s.), exige dans tous les cas
le rapport intégral du prêt, même pour la partie remise par le concordat; s'il a été fait à titre de libéralité, il n'y a guère de doute possible, le concordat ne
change pas son caractère; s'il a été fait dans l'intérêt
du défunt, ce sera alors le rapport d'une dette. C'est
la décision admise par tous les auteurs sous l'ancien
droit; c'est le seul moyen d'éviter des inégalités cho-
quantes entre deux enfants ayant perdu tous deux la
même somme reçue de leur père et que l'un voudrait
se dispenser de rapporter en vertu d'un concordat
que ne pourrait pas obtenir l'autre qui ne serait pas
commerçant; du reste, la dette n'est pas complétement
éteinte, même au point de vue de la loi qui exige
le payement intégral pour arriver à la réhabilitation
(art. 604, Cod. comm.); enfin, si on nous objecte que
nous violons le concordat, qui est une convention
faite sans fraude entre le défunt et son successible

(art. 855), nous répondrons que nous le respectons complétement : qu'a-t-on promis au failli? de ne pas le poursuivre sur les biens qu'il peut acquérir, afin de lui permettre de relever sa fortune ; nous ne lui arrachons pas les capitaux qu'il emploie, il peut se libérer sans rien débourser (Paris, 11 janvier 1843 et 3 février 1848).

156. B. Donations indirectes résultant du fait seul du donateur. — Nous citerons :

1° Le payement des dettes du successible par son auteur; pour qu'il y ait lieu au rapport des sommes payées en l'acquit du successible, il faut trois conditions : *a*. Le payement doit avoir lieu *animo donandi*, et non à titre de prêt, car sans cela ce serait le rapport d'une dette, ce dont nous ne nous occupons pas maintenant; c'est là une question d'intention que les tribunaux apprécieront suivant les faits; *b*. La dette doit bien être une dette du successible et non une dette du défunt, comme le serait celle résultant de dommages-intérêts dus par le père comme civilement responsable des dettes de son fils (art. 1384); *c*. Le payement doit avoir été opportun ; de sorte que si la dette n'était pas de nature à donner au créancier une action contre le successible, par exemple, une dette prescrite, ou reposant sur un titre nul, ou naturelle, ou usuraire, il n'y aurait pas de rapport dû. Cette solution n'a guère été mise en doute quand le successible débiteur était majeur; car le défunt n'a procuré aucun avantage à son successible, puisque ce dernier ne re-

doutait aucune poursuite et n'avait pas besoin de libération. Le défunt a donc agi moins dans l'intérêt
du débiteur que dans le sien propre, pour l'honneur de
son nom. Mais quand le débiteur est mineur, la con-
tradiction se montre : on a prétendu qu'il **y** aurait
toujours lieu au rapport, d'après les termes généraux
de l'art. 851 qui, par la proximité de l'art. 852,
semble s'occuper du cas où un père paye pour son fils,
et d'après la discussion qui eut lieu à ce sujet au Conseil d'État, discussion'du reste un peu confuse, où
chaque opinion trouve un appui ; d'autres veulent
voir là une question de fait, laissée à l'appréciation
des tribunaux ; ils invoquent aussi la discussion pré-
paratoire ; pour nous, nous persistons dans la pensée
que nous avons exprimée : le rapport n'est pas dû ;
car pourquoi le mineur serait-il moins bien traité que
le majeur? Où trouver dans l'art. 851 le moindre indice d'une si grave distinction? Ajoutons que décider
que le mineur devra rapporter ce que son père aura
payé pour lui illégalement, c'est, malgré les prohibitions de la loi, lui permettre de s'obliger ; c'est ce
qu'on a fait très-justement observer au Conseil d'État.

157. 2° Les frais faits pour l'établissement du successible. Ici encore nous supposons qu'ils ont été payés
animo donandi, puisque nous parlons toujours d'avantages indirects. Il ne s'agit pas seulement de l'établissement par mariage et de constitution de dot, mais
de tout ce qui a été employé pour mettre le successible
à même d'occuper une position, de remplir une

fonction, d'avoir une profession, comme l'achat d'une étude de notaire, d'avoué, d'un fonds de commerce, d'un établissement industriel, des instruments nécessaires à une profession, etc. Il faut que la somme dépensée ait procuré ou facilité l'établissement, car autrement on retomberait dans les présents d'usage ou dans les frais d'éducation ou d'entretien, qui ne sont pas rapportables.

158. 3° La démission donnée en faveur du successible, quand l'office dont l'auteur était titulaire, est de ceux pour lesquels on a le droit de présentation. Ainsi, d'après la loi du 28 avril 1816, certaines charges, celles de notaire par exemple, tout en restant quant à l'office hors du commerce, donnent un droit de présentation qui fait partie du patrimoine et par conséquent de l'actif de la succession. Mais pour toute autre charge où le droit de présentation n'existe pas, la démission, par exemple, d'un magistrat pour faire nommer son fils à sa place, ne sera pas rapportable, quelque avantageuse qu'elle puisse être pour ce fils, car ces fonctions étant *extra bona*, ce n'est pas une libéralité que le fils a reçue.

159. 4° La somme dépensée pour l'exonération du service militaire dû par le successible. Ce point n'est pas unanimement admis; mais les opposants sont en petit nombre. Et, en effet, le service militaire est une dette personnelle du fils, qui n'incombe nullement au père; il y a donc payement d'une dette du fils. Nous donnerions la même solution pour les sommes

payées à une compagnie d'assurances, quand même
le numéro du fils le dispenserait ensuite du service;
car il y a eu utile gestion. Nous ne reconnaîtrons d'exception que si le père n'a payé la libération du fils
que dans son propre intérêt, parce qu'il avait besoin
de son aide et de son travail. Ce fait étant exceptionnel, la preuve en incomberait au fils.

160. 5° Les améliorations ou constructions faites
sur un fonds du successible par son auteur; ce sont
des libéralités, mais seulement pour le profit qu'en a
tiré le successible; il n'y aura donc rapport que jusqu'à
concurrence de la plus value. Si l'auteur avait fait
des réparations nécessaires, il y aurait alors utile
gestion et rapport intégral soit comme donation, soit
comme dette, suivant l'intention du défunt.

161. 6° La renonciation de l'auteur dans l'intérêt
du successible à un legs, à une succession, à une
communauté. On comprend que ce soit là une manière indirecte, mais commode et certaine, d'avantager
un successible, quand il est positif que la succession,
par exemple, est bonne. Cependant la question du
rapport est très controversée. Nos anciens auteurs,
même Pothier, n'offrent que des contradictions, admettant pour la communauté ce qu'ils rejettent pour
la succession ou le legs, et cela sans motif détermi-
nant. Aujourd'hui on voit une question unique dans
ces hypothèses, mais on a nié qu'il y eût obligation
de rapporter : La renonciation, a-t-on dit, fait tomber
rétroactivement la saisine, l'héritier renonçant est

considéré comme n'ayant jamais été héritier, et alors celui à qui est dévolue la succession la tient du défunt et non pas du renonçant: s'il y a un enrichissement pour le successible, il n'est pas causé par l'appauvrissement du renonçant, puisque le successible n'a pu rien recevoir de quelqu'un qui ne pouvait rien lui transmettre ; on ajoute aussi que la renonciation peut s'expliquer par d'autres motifs que celui d'avantager le successible, qui ne peut avoir à rapporter ce qu'on n'a même pas voulu lui donner. Pour nous, au contraire, les renonciations dont nous venons de parler, sont sujettes à rapport, car le renonçant avait un droit acquis, il a donc pu donner ce droit à son successible ; on nous objecte que la renonciation procure à ce dernier un droit personnel ; nous répondrons que c'est précisément la renonciation qui a donné naissance à la vocation personnelle du successible, et que la question est de savoir si la libéralité procurée par ce moyen indirect est rapportable. Mais la renonciation, ajoute-t-on, peut s'expliquer par d'autres motifs que l'avantage à procurer ; cela est vrai, mais il n'y aura rapport que quand l'intention d'avantager sera prouvée : cela ne sera pas plus difficile que pour toute autre espèce de libéralité indirecte. Remarquons du reste que notre système évite souvent de grandes injustices, car si la renonciation a eu pour but d'égaliser, par exemple, le successible avec ce qu'un autre a reçu par donation régulière, l'un ne doit pas être tenu de rapporter, quand l'autre garde intégralement le profit qu'il a retiré de la renonciation de son auteur.

162. C. Donations indirectes résultant d'un acte passé entre le défunt et un tiers. — Dans cette classe de libéralités, on trouve :

1° La donation par interposition de personnes ; nous avons décidé (n°⁵ 106-120) que l'interposition ne faisait pas présumer la dispense de rapport.

2° L'avantage au profit du successible stipulé dans un contrat fait avec un tiers ou imposé dans un legs fait à un tiers, conformément à l'art. 1121.

163. 3° Le cautionnement ; il faut supposer qu'il existe encore au moment de l'ouverture de la succession et en outre qu'il n'a pas obligé le défunt à payer la dette. On a prétendu que, dans ces conditions, le cautionnement ne donnait lieu à aucun rapport, parce qu'il ne fait rien perdre et peut, au contraire, procurer une action. Mais il est évident que le défunt a perdu du crédit, ce qui constitue un appauvrissement, et que le successible a gagné en trouvant des fonds qu'il n'aurait pas eus sans garantie ; en outre, il est probable que le défunt a été rassuré sur le sort de ses autres successibles en pensant que la part héréditaire du cautionné garantirait ses cohéritiers contre le risque de son insolvabilité. Nous parlons du cas le plus ordinaire du cautionnement, car on sait que quelquefois il a lieu dans l'intérêt du créancier ; le débiteur n'aurait pas alors de rapport à effectuer, ce serait au créancier à le faire, s'il était successible.

Section ii. — *Des libéralités qui ne sont pas soumises au rapport.*

164. Nous n'avons pas ici à nous occuper de la dispense provenant du disposant : nous en avons traité longuement dans une section spéciale (n°ˢ 99-121) ; il s'agit seulement des libéralités que la loi, en vertu de leur caractère spécial, n'a pas soumises au rapport. Il y a en trois classes : 1° Certains frais particuliers déterminés dans l'art. 852 ; 2° les fruits et intérêts des choses données ou léguées (art. 856) ; 3° les avantages résultant de certains contrats à titre onéreux (art. 918) ; nous étudierons dans ce paragraphe les articles 853 et 854 où la loi parle de dispense de rapport, quoiqu'en réalité il n'y ait pas eu de libéralité. Les deux premières classes d'exceptions reposent principalement sur cette idée qu'il n'y a pas appauvrissement du donateur, qui en général aura employé ses revenus qu'il aurait dépensés autrement, *lautius vivendo*, ni en même temps enrichissement du donataire, qui n'accroît pas son patrimoine ; on ne pourrait lui faire rapporter des sommes modiques, qu'il n'a certainement pas capitalisées ; en outre, l'importance étant minime, on a voulu éviter toute discussion dans les familles. La troisième classe d'exceptions repose sur cette idée toute particulière dont nous avons déjà parlé (n° 119) et sur laquelle nous reviendrons, à savoir : la timidité du législateur dans la création d'une présomption légale.

§ 1ᵉʳ. Des frais spéciaux déterminés dans l'article 852.

165. « Les frais de nourriture, d'entretien, d'éducation, d'apprentissage, les frais ordinaires d'équipement, ceux de noces et présents d'usage ne doivent pas être rapportés » (art. 852). Nous avons indiqué les motifs qui ont fait excepter ces frais de la loi du rapport : le non-enrichissement de celui pour qui ils sont faits d'une part, et de l'autre le non-appauvrissement de celui qui les fait, car ordinairement il les acquitte avec ses revenus, *lautius vixisset*. Cependant il ne faut pas pousser cette idée trop loin et conclure que par cela seul qu'un donateur fait une libéralité à son successible avec une portion de ses revenus, il n'y aura pas lieu à rapport : cette proposition serait évidemment fausse ; à l'inverse, il ne faut pas dire que les frais dont parle l'art. 852 seront rapportables quand ils auront été pris sur le capital ; non, le motif que nous avons donné est un motif d'explication, mais non un moyen d'interprétation. Ajoutons que, presque toujours, les dépenses dont nous allons parler sont successives, ce qui en rendrait le calcul très-difficile.

166. On a cherché une autre explication, en considérant ces frais comme une conséquence de l'obligation alimentaire consacrée par l'art. 203 ; puisqu'il y a payement d'une dette, il n'y a pas de libéralité et par conséquent pas de rapport (Dalloz, Rép., v° *Succ.*, n° 1191). Nous rejetons cette explication bonne dans l'ancien droit où en général le rapport n'était dû

qu'en ligne directe, mais fausse aujourd'hui que le rapport est dû même en ligne collatérale et que les dépenses prévues par l'art. 852, même faites par des collatéraux, en sont dispensées, quoique la dette alimentaire n'existe pas pour eux. Il est vrai que Delvincourt (t. II, p. 40, n. 10, 5ᵉ édit.), pour appuyer son opinion, soumet au rapport les frais de l'art. 852 faits pour des collatéraux ; mais M. Demolombe répond avec raison à cette distinction peu fondée : *Tout* héritier est soumis au rapport, d'après l'art. 843 ; donc d'après l'art. 852, c'est *tout* héritier qui est dispensé du rapport des frais qu'il prévoit. Nous repoussons aussi l'opinion qui distingue si le successible était ou non en état de pourvoir *de suo* à ces dépenses, et qui oblige au rapport ceux qui le pouvaient. Cette distinction proposée encore par Delvincourt (*loc. cit.*) est une conséquence de son principe : « Puisque, dit-il, le successible avait une fortune suffisante, son auteur n'était pas obligé de faire des dépenses pour lui ; il a donc fait une libéralité. » Nous répondrons encore que l'art. 852 ne distingue pas et qu'il n'est pas fondé sur l'idée de dette incombant au défunt.

Il y a donc toujours exemption de rapport, à moins que le défunt n'ait fait ces frais qu'à titre d'avance, de prêt, auquel cas il y aurait pour le successible rapport de dette ; le défunt du reste pourrait l'avoir dit formellement, et alors la présomption de l'art. 852 étant détruite, le rapport serait dû. Pour terminer ce point nous ferons remarquer que cet article est exceptionne et qu'on ne peut pas l'étendre à un legs destiné à solder ces frais; il serait donc rapportable sauf dispense expresse.

167. Arrivons maintenant aux cas prévus par l'art. 852 :

1° Nourriture et entretien : les frais faits à cette occasion ne sont pas rapportables, sans distinguer si le père donne de l'argent à son fils ou le reçoit chez lui, si le fils est majeur ou mineur, marié ou non, s'il a déjà reçu ou non une dot du père ; car ce n'est pas la considération de la personne qui est la cause de l'exemption , mais bien la nature de la dépense. Cependant si, en fait, les frais étaient trop considérables, il y aurait lieu à rapport; la Cour de Nancy a jugé qu'il en était ainsi quand ils dépassaient la quotité disponible (20 juin 1831).

168. 2° Éducation et apprentissage : tout ce que nous avons dit pour l'entretien s'applique ici ; il n'y aura pas à distinguer si ces frais sont restés inutiles par la faute du successible, ni, d'un autre côté, s'ils lui ont fourni une position supérieure à celle de ses cohéritiers. Dans les dépenses d'éducation sont compris les livres (*intra legitimum modum*, dit Pothier, art. 309, Cout. d'Orl., n. 1), les instruments nécessaires, le prix des pensions, les frais pour l'obtention des grades dans les facultés, sans distinguer s'il s'agit de licence ou de doctorat, de médecine ou de droit, comme on le faisait dans l'ancien droit, qui, dans certains cas, voyait des frais d'éducation et dans d'autres des frais

d'établissement rapportables ; ces grades, croyons-nous, ne constituent jamais un établissement, ce n'est que *titulus sine re*.

169. 3° Équipement : c'est une variété de l'entretien. Pothier n'en parle même qu'en note de l'art. 506 de la Coutume d'Orléans, pour dire que l'*équipage* pour le service militaire est compris dans le mot *entretènement*. Il n'y a que les frais *ordinaires* d'équipement soustraits à la loi des rapports ; c'est une question de fait de savoir quand ils sont ou non *in ordinem*.

170. 4° Frais de noces : ils ne sont pas rapportables parce qu'ils sont faits plutôt par honneur pour la famille que pour le bien de celui qui les occasionne ; peu importe toujours qu'il s'agisse du mariage d'un descendant ou de celui d'un collatéral.

171. 5° Présents d'usage : ils peuvent être faits soit à l'occasion d'un mariage, soit pour toute autre cause. Ce sera une question de fait que d'apprécier jusqu'à quelle valeur il n'y aura pas rapport : les juges tiendront compte des circonstances, de la nature des présents, de leur cause et surtout de la fortune du donateur. Il nous semble qu'il faut admettre la solution de l'ancien droit qui soumettait au rapport le don d'un trousseau ; de même pour les présents qui auraient été compris dans le contrat de mariage.

§ 2. Des fruits et intérêts des choses données ou léguées.

172. « Les fruits et les intérêts des choses sujettes à

rapport ne sont dus qu'à compter du jour de l'ouverture de la succession » (art. 852). Donc ceux perçus pendant la vie du donateur ne seront pas rapportés. Plusieurs raisons justifient cette décision : 1° Nous rappelons d'abord cette idée que le disposant n'a perdu que des revenus qu'il n'aurait pas capitalisés, *lautius vixisset*, et que le successible n'a pas augmenté son patrimoine, *lautius vixit*. 2° Cette exemption est conforme à l'intention probable du disposant qui, en faisant une donation non préciputaire, a dû vouloir conférer cependant quelque avantage à son successible. 3° Enfin, l'équité exige cette solution, car si le donataire ne gardait pas les fruits, la libéralité au lieu de lui être profitable ne serait qu'un dépôt dangereux, emportant la lourde responsabilité de conserver l'objet de la donation et d'accumuler les intérêts, pour pouvoir restituer le tout au moment de l'ouverture de la succession, un manque de soin eût amené une ruine ; cette raison nous fait penser, avec MM. Aubry et Rau, que le donateur ne pourrait pas, sans le consentement du donataire, par exemple dans un testament postérieur, obliger au rapport des fruits ou des intérêts. Pothier ajoutait un quatrième motif, c'est que si la chose productive de fruits a été donnée, les fruits eux mêmes ne l'ont pas été et par conséquent la question de rapport ne peut se présenter pour eux ; mais la valeur de cette raison est nulle devant cette considération que les fruits sont donnés indirectement et que le rapport s'applique aussi bien aux avantages indirects qu'aux libéralités directes.

173. Tous les fruits et intérêts sont exemptés du rapport ; cela comprend :

1° L'intérêt des sommes d'argent.

2° Les fruits des meubles et des immeubles ; nous appliquerons les règles de l'usufruit pour savoir ce qui est fruit ou non, et pour connaître quelle sera la quotité à rapporter la première et la dernière année de jouissance, suivant que ces fruits sont naturels ou civils (art. 585 et 586).

174. 3° Les arrérages de la rente dont a été gratifié le successible. Pour une rente perpétuelle, qui est un capital produisant des intérêts, il ne peut pas y avoir de doute ; mais pour une rente viagère, on peut considérer les arrérages comme comprenant un intérêt et de plus un remboursement partiel et successif du capital ; cette théorie fort rationnelle a paru aux rédacteurs du Code offrir trop de difficultés dans l'application pour être admise dans leur œuvre ; l'art. 588 l'a rejetée et a considéré les arrérages de la rente viagère comme de simples fruits ; du reste l'objet donné c'est le droit, les arrérages en sont les fruits, voilà pourquoi nous les déclarons non soumis au rapport. Le successible n'aura donc à rapporter que le droit qu'il a reçu, c'est-à-dire, sa créance viagère ; si elle est éteinte par la mort de celui sur la tête de qui elle était constituée, le rapport sera nul.

4° La jouissance d'un usufruit ; on rapporte encore ici simplement le droit, s'il existe encore.

175. 5° Les pensions, prestations périodiques, concessions de fruits que le défunt *s'était engagé* à fournir à son successible pendant un laps de temps déterminé; car l'objet donné est une créance productive de fruits, ces fruits ne doivent donc pas être rapportés. Mais notre solution ne peut être la même si l'auteur, sans engagement aucun, a donné à son successible des sommes annuelles, qu'il aurait pu augmenter, diminuer ou supprimer, pourvu toutefois que ces dons ne puissent être qualifiés présents d'usage; ici le défunt a fait plusieurs dons qui doivent être traités chacun comme s'il existait seul, leur multiplicité n'en change pas la nature; il y a eu plusieurs capitaux donnés, ils seront tous rapportés, les intérêts qu'ils auront produits seront seuls conservés par le successible; ajoutons que cette solution évite des difficultés, car autrement où s'arrêter? On obligerait au rapport des cadeaux à intervalles irréguliers et on en dispenserait des dons peut-être plus considérables faits périodiquement; nous ne faisons du reste que reproduire la décision de l'ancien droit. La seule objection que l'on puisse faire, c'est qu'on arrivera quelquefois à des conséquences regrettables; cela est vrai, mais la différence du mode de rapporter un meuble ou un immeuble ne produit-elle pas de semblables résultats, ce n'est pourtant pas une raison pour faire abandonner la règle; nous restons donc fidèles à l'art. 856 et nous évitons des difficultés d'appréciation entre les dons périodiques ou non.

176. Nous ne nous sommes occupés jusqu'à présent que des fruits et intérêts avant l'ouverture de la succession, nous devons maintenant dire ce qu'ils deviennent après la mort du donateur. A partir de cette époque, ils sont dus par le donataire (art. 856); et cela est très-logique, car c'est le moment où la propriété se trouve résolue par l'effet du rapport; les fruits doivent donc retomber dans la masse où le donataire en prendra sa part avec ses cohéritiers. Il était donc juste et nécessaire d'établir cette dérogation à l'art. 1153 qui en droit commun ne fait courir les intérêts que du jour de la demande. En matière de réduction, l'art. 928 donne une solution différente, parce que la propriété n'est pas résolue de plein droit et aussi parce que le donataire ne peut prévoir s'il sera réduit, tandis qu'il sait *a priori* qu'il devra rapporter.

177. Le rapport des fruits a lieu de plein droit; si l'objet donné se rapporte en nature, on y joint les fruits, suivant les distinctions des art. 585 et 586, en supposant qu'il est frugifère; s'il se rapporte au moins prenant, on doit les intérêts de la somme à moins prendre. La Cour de cassation a décidé que les tribunaux pouvaient, pour simplifier les liquidations, ordonner la compensation des fruits et intérêts entre les différents donataires (19 juin 1852). Si le donataire au lieu de rapporter les fruits a promis lors du partage une somme représentative, ses cohéritiers auront un privilége sur son lot; car il y a à garantir l'égalité qui serait troublée si l'actif de la succession était diminué

de cette somme qui devait y être rapportée (M. Troplong, *Des privil. et hyp.*, t. I, n° 259, 4°).

§ 5. Des avantages résultant de certains contrats à titre onéreux.

178. Sous cette rubrique, nous allons étudier
l'art. 918, où il y a exemption de rapport dans un
cas où la loi voit réellement une donation, et les
art. 853 et 854 où la loi dispense du rapport par erreur, puisqu'il n'y a aucune libéralité, mais simplement un avantage résultant du jeu régulier d'un contrat à titre onéreux; ces articles nous donneront
l'occasion d'étudier la théorie des conventions entre
une personne et son successible.

179. L'art. 918 est ainsi conçu : « La valeur en
pleine propriété des biens aliénés, soit à charge de
rente viagère, soit à fonds perdu, ou avec réserve d'u-
sufruit, à l'un des successibles en ligne directe, sera
imputée sur la portion disponible; et l'excédant, s'il
y a lieu, sera rapporté à la masse. Cette imputation et
ce rapport ne pourront être demandés par ceux des
autres successibles en ligne directe qui auraient con-
senti à ces aliénations, ni, dans aucun cas, par les
successibles en ligne collatérale. » Lorsque le défunt a
fait avec une personne étrangère un contrat aléatoire,
de ceux désignés dans l'article, ce contrat est à l'abri
de toute critique, car c'est une opération à titre onéreux; c'est encore ce caractère onéreux qui subsiste
quand le contrat a été passé entre le défunt et un hé-

ritier non réservataire. Mais le point de vue de la loi n'est plus le même si l'opération est intervenue entre le *de cujus* et un de ses successibles en ligne directe. Les aliénations à fonds perdu ou avec réserve d'usufruit semblent au législateur un moyen facile et secret d'avantager celui à qui est faite la vente; car le défunt échange un droit perpétuel contre un droit viager, qui ne laissera rien dans la succession; et encore qui pourrait garantir qu'il a réellement touché les arrérages ou joui de l'usufruit.

180. La nature de l'acte et la qualité des parties avaient déjà éveillé les soupçons du législateur de l'an II; notre article est tiré de l'art. 26 de la loi du 17 nivôse an II, mais en subissant les changements nécessités par la permission de laisser la quotité disponible à un héritier et par la suppression de la réserve des collatéraux : voilà pourquoi ces aliénations ne sont plus déclarées nulles et ne peuvent plus être critiquées par tout successible, même collatéral. D'un autre côté, l'art. 918 a ajouté à la loi de nivôse, en assimilant aux aliénations à fonds perdu la vente avec réserve d'usufruit.

181. Voici donc ce que fait l'art. 918 : il décide que les aliénations à fonds perdu ou avec réserve d'usufruit faites par un défunt au profit de son successible en ligne directe seront considérées comme des donations. En même temps que le législateur établit cette présomption, il en redoute les conséquences et pour atténuer la portée de sa décision, qui peut frapper des

actes sérieux, il déclare que les libéralités, qu'il voit dans ces contrats, ne seront pas rapportables. C'est un terme moyen, assez difficile à justifier et dont on a abusé pour essayer de démontrer l'exemption générale de rapport pour toute libéralité déguisée (V. n°* 109 et 120). Il y a donc présomption de libéralité, et présomption *juris et de jure*, puisqu'il y a nullité de la vente (art. 1352). Aussi le prétendu acheteur offrirait-il en vain de prouver que la vente était sérieuse, en vain voudrait-il réclamer les sommes qu'il a déboursées, quand la réduction le prive d'une partie de la donation, il sera repoussé par la présomption légale. Ces conséquences sont très-rigoureuses, mais la loi offre elle-même un adoucissement ; il y a un moyen de conserver à ces actes leur caractère réellement onéreux, et de ne pas tomber sous le coup de la présomption de l'article, c'est de faire intervenir les autres successibles dans l'acte, auquel leur consentement enlève tout caractère frauduleux et laisse un caractère sérieux ; c'est là une des exceptions au principe de la nullité des conventions faites sur succession future (art. 1130).

182. On s'est demandé s'il fallait le consentement seulement des héritiers présomptifs au moment de l'acte ou celui de tous les héritiers au moment de l'ouverture de la succession. Beaucoup d'auteurs pensent qu'il faut le consentement de tous ceux qui arrivent à la succession : sous la loi de nivôse, on exigeait le consentement de *tous les parents du degré le plus*

proche (art. 26), mais ces expressions n'ont pas été
maintenues ; l'art. 918 y a substitué celles-ci : les *autres successibles* ; ce qui suppose, dit-on, que le Code se
place au moment du décès de l'aliénateur et non à
l'époque de la convention pour connaître ceux dont
l'intervention est nécessaire (MM. Aubry et Rau , Valette, Duverger). Nous ne pouvons adopter cette opinion excessivement rigoureuse dans une matière qui
l'est déjà trop. Comment! l'aliénateur et son successible ont fait tout ce qu'il était possible de faire , tous
les intéressés déclarent que l'acte est sérieux et la survenance d'un nouvel héritier pourrait détruire cette
convention valablement formée. Mais si on s'est ligué
contre lui ? nous objecte-t-on : cela est-il possible,
a-t-on pu gagner tous les successibles pour spolier un
héritier qui n'est pas encore né, qui ne naîtra peut-
être jamais? Remarquons que, lors de la discussion, on
a toujours cherché à atténuer la rigueur de la disposi-
sition primitive et on voudrait être plus sévère que la
loi de ventôse ; quant à la différence de rédaction , elle
ne nous montre pas un changement d'idées ; lorsqu'on fait une vente à fonds perdu à l'un de ses successibles, nous dit l'art. 918, il y a présomption de donation , à moins que les *autres successibles* n'aient
donné leur consentement ; les *autres successibles*, ces
mots indiquent bien qu'on doit se placer au moment
de la convention ; successible veut dire héritier présomptif dans la première partie de l'article, il doit avoir
le même sens dans la deuxième partie ; en outre nous

ne voyons guère la différence qu'on nous montre entre ce mot *successible* et l'expression de *parent* employé dans la loi de ventôse. Nous ne pouvons insister plus longtemps sur ce point ; nous sommes aussi obligés d'en passer d'autres, d'ailleurs fort intéressants, mais qui s'écartent de notre sujet pour tomber dans des questions de réduction.

185. Nous ne dirons donc plus sur cet article que quelques mots indispensables : il n'y a qu'en ligne directe que ces aliénations sont considérées comme des donations, mais c'est aussi bien en ligne ascendante qu'en ligne descendante, car des deux côtés il y a une réserve et notre article n'est qu'une sanction de la réserve. Vis-à-vis des collatéraux, la présomption n'existe pas ; mais s'il était prouvé que la vente à fonds perdu cachait une libéralité pour l'un d'eux, il y aurait lieu à rapport, car la dispense n'est qu'une conséquence de la présomption ; les derniers mots de l'art. 918 ne font pas obstacle à cette solution, car ils sont toujours dans l'hypothèse où l'aliénation est faite à un successible en ligne directe. Enfin nous dirons que, l'article étant très-exceptionnel, il ne faut pas en étendre l'application : il faut ou bien une aliénation à fonds perdu, c'est-à-dire faisant sortir un bien du patrimoine où il n'est pas remplacé par un capital mais par une jouissance viagère comme un usufruit, une rente viagère, une redevance viagère de denrées, ou bien une aliénation avec réserve d'usufruit, qu'elle soit du reste à fonds perdu ou non ; seulement quand

elle n'est pas à fonds perdu, la présomption est moins justifiable, car la vente d'une nue propriété moyennant un prix laisse dans le patrimoine une valeur représentative de la valeur qui en est sortie.

184. L'art. 918, comme nous venons de le voir, établit une exception réelle à la règle des rapports; il n'en est pas de même des art. 853 et 854, qui, malgré leur formule, ne s'occupent pas de libéralités, mais de contrats réellement à titre onéreux, ce qui ne permet pas de poser la question de rapport. Art. 853 : « Il en est de même (c'est-à-dire, il n'y a pas lieu au rapport) des profits que l'héritier a pu retirer de conventions passées avec le défunt, si ces conventions ne présentaient aucun avantage indirect, lorsqu'elles ont été faites. » Art. 854 : « Pareillement il n'est pas dû de rapport pour les associations faites sans fraude entre le défunt et l'un de ses héritiers, lorsque les conditions en ont été réglées par un acte authentique. » De ces articles il résulte d'abord ceci, qu'en dehors des cas prévus par l'art. 918, dont nous n'avons plus à nous occuper, les contrats à titre onéreux sont permis entre une personne et son successible et qu'ils sont, contrairement à ce qui avait lieu dans presque toutes les coutumes, considérés comme sérieux. Du moment que ces conventions sont loyalement faites, peu importe s'il y a par la suite un avantage; le défunt n'a pas donné, il a traité comme avec un étranger. Il est évident qu'il en est ainsi quand le profit du successible vient du cours régulier et ordinaire des choses, ou

de circonstances étrangères, comme une plus-value, car alors le successible ne reçoit rien du défunt, il ne gagne que parce qu'il était exposé à perdre.

185. L'art. 854 parle de conventions faites *sans fraude* : ces mots, comme nous l'avons fait observer en répondant à l'argument qu'en tirent ceux qui dispensent de rapport les donations déguisées (n° 117), doivent être entendus *secundum subjectam materiam* ; il s'agit donc de la fraude à la loi des rapports : c'est un souvenir peu heureux des coutumes d'égalité; c'est le résultat des mêmes idées qui firent rédiger les art. 847 et 849.

186. Les actes à titre onéreux faits avec un successible étant traités comme s'ils étaient faits avec un étranger doivent produire les mêmes effets : ainsi l'héritier continuera à jouir du terme stipulé, il ne payera que les intérêts convenus et seulement à partir du terme stipulé, il pourra opposer à ses cohéritiers la prescription accomplie contre le défunt.

187. Le législateur, après avoir parlé de tous les contrats en général dans l'art. 853, s'attache dans l'art. 854 spécialement à l'un d'eux qui se présente souvent dans les familles et qui pourrait plus facilement dissimuler une libéralité : l'association entre le défunt et un successible est traitée exceptionnellement en ce qu'elle doit, pour produire les mêmes effets qu'avec un étranger, être faite dans la forme authentique. Si un acte sous seing-privé avait été permis, on aurait pu craindre qu'on fît, à un moment donné, un

acte antidaté constatant une association , ou bien que l'acte existant fût modifié suivant les circonstances, ou enfin qu'il disparût, tout cela pour avantager le successible d'une manière secrète. L'enregistrement n'assure que la date ; la formalité des doubles n'offre pas de garantie, puisque le danger est que les parties soient d'accord ; la publicité par extrait des sociétés commerciales ne fait pas connaître et ne conserve pas les clauses du contrat : voilà pourquoi la loi exige la forme authentique qui permettra de recourir à l'acte chaque fois qu'il en sera besoin. S'il n'y a pas d'acte authentique, il y aura rapport des profits qu'a tirés le successible du contrat ; c'est une rigueur que la loi a jugée nécessaire, mais qui nous paraît excessive.

CHAPITRE VI

DE L'EXÉCUTION ET DES EFFETS DU RAPPORT.

188. Nous connaissons les libéralités qui sont soumises au rapport ; nous devons voir maintenant comment s'effectuera ce rapport et quels en seront les effets soit entre les cohéritiers, soit à l'égard des tiers. Nous nous occuperons successivement :

1° Du rapport des legs ;

2° Du rapport des donations entre vifs et de ses effets entre les cohéritiers ;

3° Des effets du rapport à l'égard des tiers.

SECTION 1ʳᵉ. — *Du rapport des legs.*

189. Le rapport des legs est-il soumis à des règles particulières ou bien se fait-il comme celui des donations entre vifs? Telle est la question que nous devons résoudre. Le Code parle souvent du rapport des legs ; c'est une expression que chacun emploie *brevitatis causa*, quoiqu'en réalité il ne puisse pas y avoir rapport en matière de legs ; il n'y a pas à remettre dans la succession quelque chose qui n'en est jamais sorti. Aussi dans l'art. 843 est-il dit : « l'héritier ne peut retenir les dons ni réclamer les legs à lui faits. »

190. L'héritier ne peut réclamer les legs à lui faits : certains jurisconsultes (Zachariæ et ses annotateurs) prennent ces mots à la lettre et pensent que le rapport annulera complétement le legs, de sorte que le partage s'exécutera comme s'il n'existait pas; la disposition testamentaire n'aura ainsi d'autre effet que de laisser le choix à l'héritier entre le legs et sa portion héréditaire. D'autres (M. Troplong), se fondant sur l'intention présumée du testateur, qui a voulu évidemment faire quelque chose, donnent toujours à l'héritier l'objet légué, avec imputation sur sa part héréditaire. Nous adoptons une troisième opinion professée par MM. Demante, Demolombe, Duverger : le rapport des legs se fait comme le rapport des donations, dont nous verrons les règles plus loin ; s'il doit se faire en nature, l'héritier ne pourra pas le réclamer ; s'il peut se faire en moins prenant, l'héritier aura le droit de le récla-

mer en le précomptant sur sa part. L'option qui, dans le premier système, expliquerait l'intention du testateur, serait le plus souvent ridicule, car le legs sera presque toujours très-inférieur à la part héréditaire ; quant à la seconde opinion, elle s'écarte tout à fait des règles du rapport et le rend, sans motif, plus favorable en matière de legs qu'en matière de donation. Notre assimilation aux donations nous semble être le vrai sens de la loi, qui à plusieurs reprises met les deux libéralités sur le même rang : quant au mot *réclamer* de l'art. 843, il ne faut pas y attacher trop d'importance. Le Code, plus puriste qu'il ne l'est souvent, a voulu dire simplement que l'héritier ne pouvait avoir au delà de sa part les libéralités, dons ou legs, non préciputaires.

191. Ainsi, les règles que nous allons exposer pour le rapport des donations, seront applicables au rapport des legs, de sorte que les dispositions testamentaires produiront toujours un effet, s'il s'agit de meubles, puisque le rapport en moins prenant fera arriver l'objet entre les mains du légataire ; il en sera de même quand le legs sera d'un immeuble, dans les cas où le rapport d'immeubles a lieu en moins prenant ; et quand le rapport devra se faire en nature, il s'agira souvent d'un immeuble considérable pouvant se comparer avec la valeur de la part héréditaire et donner lieu à une option ; nous arrivons ainsi à remplir l'intention probable du défunt.

Section ii. — *Du rapport des donations entre vifs et de ses effets entre les cohéritiers.*

192. « Le rapport se fait en nature ou en moins prenant » (art. 858). Le rapport en nature fait rentrer dans la masse des biens héréditaires, pour l'y comprendre, l'objet donné ; c'est le *rapport réel*, comme l'appelle M. Demolombe. Le rapport en moins prenant fait conserver l'objet donné par l'héritier, qui l'impute sur sa part et laisse ses cohéritiers prélever une portion égale sur la masse de la succession ; c'est le *rapport fictif*. En principe, le rapport des immeubles se fait en nature, cette règle souffre des exceptions ; le rapport du mobilier se fait toujours en moins prenant.

§ 1ᵉʳ. Du rapport des immeubles.

193. Les immeubles, avons-nous dit, sont rapportables en nature ; nous allons d'abord étudier cette règle ; nous nous occuperons ensuite des exceptions.

I. Rapport en nature des immeubles.

194. Notre ancien droit, si jaloux de la conservation de la propriété immobilière, et si attentif à la réglementer comme la base presque unique de tout patrimoine, avait posé pour les immeubles la règle du rapport en nature, ou, comme dit la coutume d'Orléans (art. 306), *en essence et en espèce*. En effet, c'est par la remise dans la succession que le but du

rapport est le mieux atteint et qu'on peut arriver à une égale distribution des biens entre les différents membres d'une famille ; c'est par ce moyen réel, positif que les choses sont remises dans le premier état, comme si la donation n'avait pas eu lieu.

195. Le successible donataire sans préciput d'un immeuble n'en devient propriétaire que sous la condition résolutoire que, s'il devient héritier du donateur, la donation sera considérée comme n'ayant pas été faite ; si la condition se réalise, il est censé n'avoir jamais été propriétaire ; voilà pourquoi l'immeuble doit faire retour à la masse héréditaire ; l'héritier se trouve être débiteur sous condition suspensive d'un corps certain, ce qui amène les conséquences suivantes :

196. 1° Les risques sont pour la succession et non pour le donataire ; l'art. 855 est conforme au principe de l'art. 1302 : « L'immeuble qui a péri par cas fortuit et sans la faute du donataire n'est pas sujet à rapport. » L'obligation, n'ayant plus d'objet, ne peut pas être exécutée ; et en outre, que perdent les héritiers, puisque l'accident qui a détruit l'immeuble était indépendant de celui qui le détenait ? Si toujours en l'absence de faute du donataire, il y a eu, non pas perte totale, mais perte partielle, le rapport se fera de ce qui reste ; pour le surplus, l'obligation est éteinte. Peu importe du reste si la perte totale ou partielle a eu lieu avant ou après l'ouverture de la succession ; le résultat est le même puisqu'il n'y a pas

. de faute, mais la partie des fruits perçue depuis l'ouverture devra être restituée.

197. La preuve du cas fortuit incombe au donataire, car il est tenu d'une obligation, et s'il s'en prétend libéré, qu'il prouve sa libération. Delvincourt a soutenu que lorsque le donataire habite lui-même la maison à lui donnée et que cette maison vient à être détruite par un incendie dont la cause est inconnue, il est responsable vis-à-vis de la succession comme un locataire vis-à-vis du propriétaire (art. 1733); l'incendie sera présumé cas non fortuit jusqu'à ce que la preuve contraire exigée par cet article soit faite. La question est délicate, nous le reconnaissons avec Delvincourt, mais nous n'admettons pas sa solution : l'art. 1733 a créé une présomption légale très-rigoureuse que nous ne pouvons pas étendre, précisément à cause de son caractère exceptionnel et de l'art. 1350 qui restreint l'application d'une présomption au cas pour lequel elle a été faite. Delvincourt revient du reste à notre opinion quand le donataire a loué la maison au lieu de l'habiter; il admet qu'il sera seulement obligé de rapporter l'action qu'il a contre les locataires d'après cet article 1733 et il réfute très-justement l'objection tirée de l'art. 864, qui rend le donataire responsable des faits de son acheteur en disant : « Le successible pouvait ne pas vendre, il ne pouvait pas ne pas louer ; on ne peut pas exiger qu'il garde dans ses mains une propriété inutile... Le même accident n'eût-il pas pu arriver au donateur » (t. II,

p. 43, n. 9, 5ᵉ édit.). Ajoutons qu'ici la faute du locataire serait prouvée vis-à-vis de l'héritier et par conséquent vis-à-vis de la succession par la présomption de l'art. 1733.

198. Pour achever ce qui regarde l'incendie par cas fortuit, disons qu'il n'y aura pas à rapporter l'indemnité payée par une compagnie d'assurances, car elle est l'équivalent de la chance aléatoire que court l'assuré en payant les primes, et la considérât-on comme la représentation de la valeur de l'immeuble, notre solution serait la même (V. nᵒˢ 209 et s.).

Puisque les diminutions fortuites sont à la charge de la succession, les augmentations fortuites seront à son profit. Les risques sont pour elle, qu'il y ait avantage ou perte.

199. 2° Les améliorations, les frais de conservation et d'un autre côté les détériorations provenant du fait du donataire donneront lieu entre lui et ses cohéritiers à un règlement : il faut arriver à l'égalité, personne ne doit s'enrichir aux dépens d'autrui.

Parlons d'abord des *améliorations* : la succession remboursera t-elle toutes les dépenses que le donataire aura faites soit pour améliorer soit pour conserver l'immeuble? Les art. 861 et 862 nous tracent la marche à suivre : nous distinguerons quatre espèces de dépenses qu'on peut faire sur un immeuble :

200. A. Les dépenses voluptuaires faites pour l'agrément personnel du donataire ; elles ne profitent pas à la succession, puisqu'elles n'augmentent pas la

valeur de l'immeuble ; le donataire ne pourra donc réclamer aucune indemnité ; il lui sera seulement permis d'enlever ce qui peut l'être, à la charge de rétablir les lieux dans leur premier état (art. 599).

B. Les dépenses d'entretien ; elles sont une charge de la jouissance (art. 595) ; elles doivent donc être payées sur les fruits abandonnés au donataire ; il n'y a donc encore aucune indemnité ici.

C. Les dépenses utiles ou d'amélioration ; ces dépenses ne profitent à la succession que dans une certaine limite, car tout le monde sait que des travaux produisent rarement une plus-value égale à la dépense. Il sera donc dû au donataire une indemnité pour ce dont a profité la succession, c'est-à-dire pour la plus-value ; si par extraordinaire la plus-value était supérieure à la dépense, la succession ne devrait que la dépense, c'est-à-dire ce dont s'est appauvri le donataire ; en payant le *quod minimum*, on arrive à éviter les profits de l'un aux dépens de l'autre.

201. Mais à quel moment la plus-value sera-t-elle calculée? L'art. 861 répond qu'on a égard « à ce dont la valeur se trouve augmentée *au moment du partage.* » Quand l'immeuble a été aliéné, le rapport est dû de sa valeur *au moment de l'ouverture de la succession* (art. 860). Voilà deux dispositions différentes pour deux cas analogues : M. Demolombe trouve que la disposition la plus rationnelle est celle de l'art. 861, car c'est au moment de la formation des lots que les biens à partager doivent s'estimer et il voit dans

l'art. 860 une regrettable dérogation. Pour nous, nous adoptons l'avis de MM. Valette, Duverger, Marcadé et nous pensons que ces deux dispositions s'excluent : car si on voulait les appliquer simultanément on arriverait à une injustice flagrante ; on ne peut apprécier les améliorations au moment du partage, quand celles de l'immeuble aliéné se comprennent dans sa valeur à l'époque de l'ouverture ; de sorte que si les améliorations périssent dans l'intervalle sans la faute du donataire, la perte serait à sa charge dans un cas et dans l'autre à la charge de la succession. Il faut donc opter : nous préférons la disposition de l'art. 860, qui fixe l'estimation au moment de la mort du donateur, et nous entendrons l'art. 861 dans le même sens. Nous sommes autorisés à décider ainsi malgré ses termes exprès, d'après ce qui s'est passé au conseil d'État lors de la discussion : dans l'ancien droit, l'époque du calcul était toujours celle du partage, parce que c'était à ce moment qu'on déterminait ce qui était à rapporter ; cette opinion avait d'abord été adoptée dans le projet, mais au conseil d'État, on revint sur ce point et on préféra l'époque de l'ouverture ; la section de législation, chargée de faire ce changement, oublia de corriger l'art. 861 pour le mettre en rapport avec la nouvelle rédaction. Cette explication suffit pour faire voir que nous sommes bien dans l'intention du législateur.

202. D. Les dépenses nécessaires ou de conservation ; celles-ci doivent être remboursées intégrale-

ment au donataire, « encore qu'elles n'aient point amélioré le fonds » (art. 812), car le donateur les aurait faites s'il avait conservé l'immeuble. Ainsi le donataire a fait consolider une grange, par exemple, dans un corps de ferme ; la grange vient ensuite à brûler : les frais de consolidation lui seront néanmoins intégralement remboursés. Mais si l'ensemble entier venait à périr, une maison par exemple, il n'y aurait plus lieu à récompense, puisqu'il ne serait plus question de rapport ; l'obligation principale n'existant pas, l'obligation accessoire ne peut pas naître.

203. Nous arrivons maintenant aux *dégradations* commises par le donataire. « Le donataire, de son côté, doit tenir compte des dégradations qui ont diminué la valeur de l'immeuble par son fait ou par sa faute et négligence » (art. 863). C'est toujours la conséquence du même principe : il n'était propriétaire que sous condition résolutoire, il est débiteur du jour de l'ouverture de la succession, il doit l'immeuble dans l'état où il serait s'il n'était pas sorti des mains du défunt ; aussi il est responsable, et l'article nous le dit, non-seulement *in committendo*, mais aussi *in omittendo*.

204. Le donataire, qui est créancier de la succession pour le remboursement des dépenses qu'il a faites, a une garantie. « Le cohéritier qui fait le rapport en nature d'un immeuble, peut en retenir la possession jusqu'au remboursement effectif des sommes qui lui sont dues pour impenses ou améliorations »

(art. 867). Les coutumes de Paris (art. 305) et d'Orléans (art. 306) donnaient pour la même cause l'immeuble en propriété à l'héritier donataire, ce qui
changeait le rapport en nature en rapport en moins
prenant ; aujourd'hui il n'en est plus de même, le
code donne l'immeuble non plus en propriété mais en
gage ; c'est un droit de rétention qui dure jusqu'au
remboursement effectif des sommes dues.

205. 3° Les charges créées par le donataire sur l'immeuble qu'il rapporte sont anéanties ; c'est l'application du principe : *resoluto jure dantis, resolvitur jus
accipientis*. L'art. 865 pose la règle : « Lorsque le
rapport se fait en nature, les biens se réunissent à la
masse de la succession, francs et quittes de toutes
charges créées par le donataire... » ; l'art. 859 y dé-
roge gravement en laissant subsister l'aliénation con-
sentie par le donataire, auquel cas l'immeuble se rapporte en moins prenant. Ce sont des points que nous
étudierons en nous occupant des effets du rapport à
l'égard des tiers ; disons seulement ici que les cohéritiers pourront user de toutes les actions qui compé-
teraient au donataire, comme action en reprise, résolution faute de payement de prix, réméré (art. 1166),
pour recouvrer l'immeuble en nature.

II. Rapport en moins prenant des immeubles.

206. Le rapport des immeubles a lieu par exception
en moins prenant dans quatre cas :

1° Si le donateur a dispensé l'héritier du rapport

en nature ou s'il lui a laissé le choix entre les deux rapports (n° 100) ; mais remarquons que l'héritier est toujours débiteur de l'immeuble, de sorte que s'il vient à périr, ce sera pour la succession ; pour qu'il en fût autrement, il faudrait que le donateur eût imposé le rapport en moins prenant, ce qui entraînerait une propriété incommutable pour le donataire.

207. 2° S'il y a dans la succession des immeubles de même nature, valeur et bonté, dont on puisse former des lots à peu près égaux pour les autres cohéritiers (art. 859). Cet article accorde une faculté au donataire, qui peut, s'il le préfère, rapporter même dans ce cas l'immeuble en nature. Cette exception est bien naturelle ; l'égalité ne sera pas violée et chacun des héritiers se trouvera avoir un lot d'immeubles ; pourquoi alors priverait-on le donataire de l'immeuble auquel il est attaché, pourquoi anéantirait-on les droits réels qu'ont acquis les tiers ? La valeur de l'immeuble donné s'appréciera ici au moment du partage, car c'est à ce moment qu'on estimera ceux qui entreront dans les autres lots ; c'est comme s'il y avait rapport en nature et aussitôt mise de l'immeuble dans le lot de l'héritier donataire.

208. 3° Si l'immeuble a péri par la faute du donataire ; la perte rend impossible le rapport en nature, mais le débiteur, étant en faute, est traité comme si l'immeuble existait toujours, il n'est pas libéré, il devra rapporter la valeur qu'aurait eue l'immeuble au moment de l'ouverture de la succession, s'il n'avait pas péri.

209. 4° Si l'immeuble a été aliéné par le donataire ; « le rapport n'a lieu qu'en moins prenant, quand le donataire a aliéné l'immeuble avant l'ouverture de la succession ; il est dû de la valeur de l'immeuble à l'époque de l'ouverture (art. 860). » En nous occupant des effets du rapport à l'égard des tiers, nous verrons pourquoi le législateur, qui anéantit les charges imposées sur l'immeuble, a maintenu au contraire les aliénations consenties par le donataire ; quant à présent nous pouvons étudier les effets de cette aliénation vis à-vis des cohéritiers. L'aliénation par le donataire équivaut à une perte par sa faute, aussi reste-t-il débiteur : mais comme la loi, par de graves motifs, voit alors une impossibilité de rapporter en nature, il y a lieu au rapport en moins prenant. Nous supposons que l'aliénation a lieu avant l'ouverture de la succession, car autrement elle serait faite *à non domino* et par conséquent nulle ; dès qu'elle a lieu avant l'ouverture, peu importe qu'elle soit à titre onéreux ou à titre gratuit ; car la loi ne distingue pas, les motifs sont les mêmes, et décider autrement pour les aliénations gratuites serait porter une grave atteinte au principe d'irrévocabilité : *donner et retenir ne vaut.* Si l'aliénation à titre onéreux est forcée au lieu d'être volontaire, comme celle qui résulte d'une expropriation pour cause d'utilité publique, d'une licitation, d'un réméré, etc., le rapport a encore lieu en moin prenant ; mais le *quantum* de l'obligation se trouve invariablement fixé à la somme reçue par l'héritier,

quels que soient les événements qui peuvent survenir, car évidemment, il en aurait été de même si l'immeuble était resté aux mains du donateur ; les règles que nous allons voir ne s'appliquent donc qu'aux aliénations volontaires.

210. Quelle sera la somme à moins prendre? à quel moment calculera-t-on la valeur de l'immeuble aliéné? Pothier décidait sans hésiter que c'était la valeur au moment du partage et voici quel était son raisonnement : Si l'immeuble a diminué de valeur à l'époque du partage, l'héritier donataire ne peut pas souffrir de la circonstance qu'il a aliéné l'immeuble, puisqu'il n'a fait qu'user de son droit ; et si l'immeuble a augmenté de valeur, il ne peut pas plus profiter de l'aliénation qu'il a faite, que cette aliénation ne peut lui nuire; les choses doivent donc se traiter, comme si l'immeuble était resté entre les mains du donataire. Cette théorie conduisait à cette conséquence bizarre que si l'immeuble avait complétement péri à l'époque du partage, le donataire ne devait rien et bénéficiait du prix qu'il avait touché. Dans le projet de Code, les rédacteurs avaient suivi cette décision de l'ancienne jurisprudence, mais ils la modifièrent après coup, comme nous l'avons déjà vu, et l'époque de l'ouverture de la succession fut préférée (art. 860) ; voici les motifs probables de l'idée qui a amené ce changement : le partage n'ayant pas lieu à une époque fixe et pouvant être plus ou moins rapproché, on n'a pas voulu faire dépendre la valeur à rapporter

par le donataire, des mille circonstances qui peuvent
l'avancer ou le retarder ; on a pris alors l'époque fixe
de l'ouverture de la succession, à partir de laquelle
la valeur à rapporter ne subit plus de variations.

211. La même conséquence bizarre que avons ren-
contrée dans la théorie de Pothier se reproduit ici, car
si l'immeuble a péri au moment de l'ouverture de
la succession, le donataire garde le prix qu'il a touché
et n'a rien à rapporter, puisque l'immeuble n'a plus
de valeur au moment de l'ouverture. On a cherché à
justifier ce résultat en disant que si l'immeuble
n'avait pas été donné, la succession n'en serait pas
plus riche, car il aurait péri entre les mains du défunt ; mais ne pourrait-on pas répondre à cet essai
de justification que peut-être le défunt eût, lui aussi,
aliéné cet immeuble et qu'alors le prix s'en trouve-
rait dans la succession. Peut-être aurait-il mieux valu
faire rapporter au donataire le prix qu'il a touché :
car étant propriétaire sous condition résolutoire, il
est considéré comme ayant reçu mandat du défunt
d'aliéner, s'il le voulait, l'immeuble soumis au rapport, puisque c'est un acte qui est dans la limite de
ses pouvoirs ; la condition résolutoire s'accomplissant,
il doit rendre compte de son mandat aux héritiers
du donateur et par conséquent leur restituer le prix
des aliénations par lui consenties. Mais l'art. 860
est formel, nous devons nous incliner devant sa décision.

212. Nous venons de dire que la perte fortuite

entre les mains de l'acquéreur libérait le donataire ; c'est par le même raisonnement qu'on traite les améliorations et les détériorations provenant du fait de cet acquéreur, comme si elles avaient été faites par le donataire (art. 864) ; la plus-value ou la moins-value s'apprécie au moment de l'ouverture de la succession.

213. Remarquons que l'aliénation faite par le donataire est maintenue dans tous les cas, alors même que la valeur de l'immeuble dépasse sa part héréditaire. Ses cohéritiers se feront payer l'excédant sur ses biens et, s'il est insolvable, ils le perdront. Nous ne pouvons appliquer ici la décision de l'art. 930 qui, en matière de réduction, donne aux cohéritiers un recours contre le tiers acquéreur. Du reste, il ne faut pas oublier que les cohéritiers n'auraient pas eu davantage si le donataire n'avait pas accepté la succession, ce que son intérêt lui conseillait de faire ; il faut donc mieux que son insolvabilité retombe sur eux que sur l'acquéreur.

214. Nous pouvons dire quelques mots de l'art. 866, qui s'occupe d'un cas de réduction, quoiqu'il soit enclavé dans la section des rapports. En principe, quand il y a lieu à la réduction d'une donation, le retranchement se fait en nature ; ici l'art. 866 fait une distinction, comme ses termes fort clairs vont nous l'indiquer : « Lorsque le don d'un immeuble fait avec dispense du rapport excède la quotité disponible, le rapport de l'excédant se fait en nature, si le

retranchement peut s'opérer commodément. — Dans le cas contraire, si l'excédant est de plus de moitié de la valeur de l'immeuble, le donataire doit rapporter l'immeuble en totalité, sauf à prélever sur la masse la valeur de la portion disponible; si cette portion excède la moitié de la valeur de l'immeuble, le donataire peut retenir l'immeuble en totalité, sauf à moins prendre, et à récompenser ses cohéritiers en argent ou autrement. » Le second paragraphe de l'article établit une dérogation à l'art. 930, en appliquant la maxime *major pars trahit ad se minorem*, au lieu de la licitation exigée par l'ancien droit en pareil cas; cette dérogation, qui a l'avantage d'éviter des frais et de maintenir le bien dans la famille, doit cependant être restreinte au cas pour lequel elle a été faite; nous ne l'appliquerons ni à un donataire étranger, ni à un successible renonçant.

§ 2. Du rapport des meubles.

215. Nous avons vu que, pour les immeubles, le rapport se faisait en nature, sauf exception; pour les meubles, la règle absolue et invariable est le rapport en moins prenant. Mais il ne faut pas confondre ce rapport des meubles avec le rapport exceptionnellement en moins-prenant des immeubles. Quand il s'agit de ce dernier, le donataire, n'étant propriétaire de l'immeuble que sous condition résolutoire, en est débiteur sous condition suspensive, et ce n'est que *solutionis gratia* qu'il peut se libérer au moyen d'une

somme d'argent. Pour les meubles au contraire, dès le moment même de la donation, on devient irrévocablement propriétaire et on est débiteur, sous la condition suspensive de l'acceptation, d'une somme égale à leur valeur; aussi tout est-il déterminé au moment de la donation et les risques sont-ils à la charge du donataire. Et il devait en être ainsi, car si le rapport en nature avait été permis pour les meubles, le donataire se serait libéré en rapportant des objets détériorés ou dépréciés : le rapport eût été dérisoire et n'eût pas réalisé le désir de la loi, l'égalité. Il est juste que le donataire, qui a eu la jouissance, supporte les détériorations qui ont pu survenir; aussi dirons-nous que si le donateur s'était réservé cette jouissance, le rapport ne se ferait que de la valeur des meubles au moment du décès. Ajoutons enfin que le rapport en nature eût été impossible pour les meubles qui se consomment *primo usu;* il est alors probable que le défunt a voulu donner une valeur plutôt que les objets eux-mêmes, à cause de la facilité avec laquelle on les convertit en argent.

216. Tout est donc fixé au moment de la donation, puisque c'est à ce moment que le donataire devient propriétaire incommutable. « Le rapport du mobilier ne se fait qu'en moins prenant. Il se fait sur le pied de la valeur du mobilier au moment de la donation d'après l'état estimatif annexé à l'acte ; et, à défaut de cet état, d'après une estimation par experts à juste prix et sans crue » (art. 868). L'état estimatif indi-

quera donc la valeur que devra rapporter le donataire ;
cependant, si les cohéritiers se plaignent de cette estimation, ils pourront demander une estimation nouvelle de ce que les meubles valaient au moment de la
donation. Notre article prévoit le cas où il n'y aurait
pas d'état estimatif annexé à la donation : comme cet
état est nécessaire à la validité des donations mobi-
lières (art. 948), il faut supposer qu'il a été perdu ou
bien qu'il n'y a pas d'acte de donation, comme dans
une libéralité manuelle, une remise de la dette ; même
si le défaut d'état entraîne la nullité de la donation, il
y a un motif de plus pour obliger au rapport et pour
en fixer les bases. Dans tous ces cas, on aura recours
à une estimation de la valeur des meubles au moment
de la donation, à dire d'experts avec juste prix et sans
crue. « On connaît le sens de ces derniers mots : un
édit de Henri II, de février 1556, ayant rendu les es-
timateurs garants de leur prisée, ceux-ci, pour se
mettre à l'abri, avaient soin d'estimer les meubles
au-dessous de leur valeur vénale, et de là vint l'habi-
tude d'ajouter au chiffre de l'estimation une augmentation qui était généralement du quart. On l'appelait
crue, *plus-value*, *parisis*, etc. Aujourd'hui que les experts ne craignent plus de voir rester à leur compte
les meubles par eux estimés, il n'y a plus de raison de
croire qu'ils les estiment au-dessous de leur valeur,
et le législateur a dû supprimer l'usage de la crue. »
(Marcadé, sur l'art. 825.)

217. Quand ce n'est pas du mobilier mais de l'ar-

gent qui a été donné, le rapport se fait aussi en moins prenant dans le numéraire de la succession ; mais remarquons que ce qui a été donné, ce n'est pas une certaine quantité de pièces, c'est une somme ; de sorte que si la valeur des pièces a augmenté ou diminué, ces variations n'influeront pas sur le rapport qui se fera toujours de la même somme ; nous appliquons la règle de l'art. 1895 en matière de prêt, règle que Pothier déclarait commune à toutes les obligations (Prêt, n° 36) ; nous rejetons donc l'opinion de Chabot, qui appliquait l'art. 868 et faisait faire le rapport suivant le prix de l'argent au moment de la donation.

218. Le rapport de l'argent donné se fait donc en moins prenant dans le numéraire de la succession ; mais l'art. 869 ajoute : « .... en cas d'insuffisance, le donataire peut se dispenser de rapporter du numéraire, en abandonnant jusqu'à due concurrence du mobilier et, à défaut de mobilier, des immeubles de la succession. » Ainsi dans le cas où l'insuffisance du numéraire de la succession ne permet pas de moins prendre, le donataire a plusieurs priviléges importants : d'abord, il peut rapporter du numéraire, tandis que le donataire de meubles ne pourrait pas rapporter l'objet reçu ; s'il ne veut pas ou ne peut pas rapporter du numéraire, la loi l'autorise à payer autre chose que ce qu'il doit, contrairement au principe général de l'art. 1243 : il devrait rapporter de l'argent, mais il pourra abandonner, jusqu'à due concurrence, du mo-

bilier et, à défaut, des immeubles. Cette faveur accordée au donataire est destinée à lui laisser des capitaux qu'il a peut-être placés dans un commerce ou une industrie et dont la privation pourrait le ruiner ; elle ne nuira pas aux cohéritiers qui prendront une valeur égale dans le mobilier, que la loi considère comme représentatif du numéraire, ou dans les immeubles, qui, d'après les idées du législateur, sont de beaucoup préférables à toute autre espèce de fortune.

219. On s'est demandé si notre art. 869 s'appliquait seulement au cas d'argent donné, ou bien s'il devait s'étendre à tous les cas où le donateur est débiteur d'une somme d'argent, parce qu'il rapporte en moins prenant. L'article étant très-exceptionnel, nous en restreindrons l'application au cas pour lequel il a été fait, au cas de l'*argent donné ;* mais, nous peut-on dire, le rapport en moins prenant convertit finalement la dette du rapport en une dette d'argent, ce qui est la même chose : nous répondrons que, dans ce dernier cas, l'art. 830 indique le mode d'opérer, et il ne parle que de prélèvement ; car, en somme, l'objet donné est toujours dû dans son individualité. Cela est vrai pour les immeubles, poursuit-on ; mais pour les meubles, ce n'est que la valeur estimative que la loi considère comme donnée : ne peut-on pas alors appliquer l'art. 869 ? Mais encore ici l'art. 830 règle la manière d'opérer, sans distinguer entre les immeubles et les meubles ; en réalité, du reste, c'est bien du mobilier qui a été donné, donc l'art. 869

ne s'y applique pas, puisqu'il n'est fait que pour l'argent donné.

220. Il nous reste maintenant à examiner une question assez délicate : les meubles incorporels se rapporteront-ils en nature comme les immeubles, ou en moins prenant comme les autres meubles? On comprend toute l'importance de la question en se rappelant les différences qui existent entre les deux espèces de rapport, notamment en ce qui concerne la perte de la chose.

221. Voici comment on raisonne dans une *première opinion*, celle qui fait rapporter en nature les meubles incorporels : Le principe rationnel, c'est le rapport en nature; la loi a été obligée d'y faire exception pour le mobilier corporel, parce qu'il se déprécie et se détériore promptement; mais les meubles incorporels ne sont pas soumis aux mêmes causes de dépréciation ; aussi, lors de la discussion, a-t-on toujours pris pour exemples des meubles corporels; du reste, l'état estimatif dont parle l'art. 868, indique bien qu'il ne s'agit que de ces derniers; car ce n'est que pour eux qu'il est exigé; enfin, si l'on décidait autrement, il y aurait de très-grandes difficultés d'estimation, par exemple, s'il s'agit de créances conditionnelles, ou s'il faut apprécier le degré de solvabilité du débiteur, difficultés qu'aurait prévues le Code, s'il avait voulu appliquer le rapport en moins prenant. Marcadé, frappé de ces raisons, conclut que nulle part le Code n'a parlé des meubles immatériels et que, par

conséquent, on doit leur appliquer « le principe tout
naturel que c'est l'objet même qui a été reçu qu'on
doit rapporter. » On a encore invoqué à l'appui de ce
système l'art. 1567, qui ne fait rapporter par le
mari que la créance qu'il a reçue, quand elle a péri
ou subi des retranchements qui ne proviennent ni de
sa faute ni de sa négligence. Terminons l'exposé de
cette opinion en disant que ses partisans ne sont pas
unanimes sur l'application du principe qu'ils admet-
tent : les uns ne veulent du rapport en nature que si
la créance n'a pas été estimée au moment de la donation, d'autres que si le meuble incorporel n'a pas
de valeur constatée par un cours public.

222. Dans une *seconde opinion*, que nous admettons avec la Jurisprudence, on fait rapporter en moins
prenant les meubles incorporels : en effet, il est impossible de prétendre que la loi n'a pas pensé à une
classe aussi importante des biens ; elle fait une distinction générale entre les meubles et les immeubles, tous les biens doivent y rentrer ; le mot *mobilier*,
d'après l'art. 535, comprend tout ce que la loi a
déclaré être meuble, donc cette expression comprend tous les meubles, soit corporels soit incorporels.
Il est vrai que le motif de dépréciation qui a fait admettre le rapport en moins prenant pour les meubles,
n'existe pas pour le mobilier immatériel ; mais nous
savons que la dépréciation n'est pas la seule cause de
cette règle ; nous avons vu (n° 215) qu'elle repose encore sur l'intention présumée du défunt qui voit dans

le mobilier une valeur facilement réalisable ; or, ce motif existe plus certainement pour les créances que pour les objets mobiliers. Quant à l'estimation dont parle l'art. 868, rien d'étonnant : il est commode de se reporter à cet état quand il y en a un, et la loi veut qu'on s'en serve quand la donation de droits mobiliers en comprend un ; mais ce n'est pas, suivant la loi elle-même, le seul moyen de déterminer la valeur des objets donnés ; pour que le donataire ne rapporte pas plus qu'il n'a reçu, on estimera donc la valeur de la créance d'après l'estimation s'il en a été fait une, ou d'après un cours public, s'il y en a un, ou d'après la valeur nominale, ou d'après une expertise, si la créance est conditionnelle ; il est possible que, dans certains cas, il y ait des difficultés, mais le principe n'en subsiste pas moins ; est-ce qu'il n'y pas de difficultés à estimer des meubles corporels qui ont péri et dont l'état estimatif est égaré ? et cependant la loi n'a pas reculé. Enfin, pour répondre à l'argument tiré de l'art. 1567, nous dirons que l'analogie qu'on veut en tirer tombe devant cette considération, que les règles de la restitution de la dot diffèrent tellement de celles du rapport, que les meubles même corporels doivent être rendus par le mari dans leur identité. Et comment pourrait-on rapporter en nature le don d'un office de notaire, d'avoué, etc.? Plusieurs de nos adversaires n'ont pas osé aller jusque-là ; les autres ont été plus conséquents, tout en déclarant que la question était délicate (Marc. sur l'art. 868). Le caractère même d'un office empêche le titulaire de pouvoir le remettre identiquement dans la succession, et l'ancien droit l'avait si bien compris, que tout en regardant ces offices comme des immeubles, il ne les faisait rapporter qu'en moins prenant ; « la raison en est tirée de l'indécence qu'il y aurait qu'un officier se démît de son office pour le rapporter. » (Pothier, Indrod. à la Cout. d'Orléans, t. XVII, n° 90). A plus forte raison doit-il en être de même aujourd'hui.

SECTION III. — *Des effets du rapport à l'égard des tiers.*

223. Nous avons vu quels étaient les effets du rapport entre les cohéritiers ; nous avons aussi, à plusieurs reprises, indiqué certains effets qu'ils peuvent produire vis-à-vis des tiers, quoique *res inter alios acta*. Nous devons un peu insister sur ce point, et nous occuper successivement des tiers acquéreurs, des tiers ayant acquis du chef du donataire, des droits réels sur l'immeuble donné, des créanciers de la succession, et enfin des légataires.

§ 1er. Tiers-acquéreurs.

224. Nous avons déjà dit (n° 209) que la loi qui déclare les droits réels, consentis par le donataire sur l'immeuble qui lui a été donné, résolus par le rapport en nature, a fait exception pour la propriété, c'est-à-dire pour le premier des droits réels. Cette grave

dérogation au principe : *Nemo plus juris in alienum transferre potest quam ipse habet,* repose sur une base utilitaire plutôt que sur des principes rationnels. L'ancien droit, du reste, avait donné la même solution, à son tour le Code se l'est appropriée à cause de ses avantages. Il est probable, en effet, que le donateur n'a pas entendu frapper l'immeuble d'indisponibilité entre les mains du donataire; c'est ce qui serait arrivé s'il n'avait pu transmettre qu'une propriété résoluble. Outre l'intérêt privé du donataire, il y a l'intérêt général de la libre et facile circulation des biens, idée qui a préoccupé aussi le législateur dans l'art. 930, où nous voyons qu'en matière de réduction on n'en arrive à cette extrémité de rescinder les aliénations qu'à défaut de tout autre moyen, tandis que les droits réels sont immédiatement résolus. Nous savons qu'en matière de rapport l'aliénation est toujours maintenue, qu'elle soit à titre onéreux ou à titre gratuit (V. n° 209), que le donateur soit solvable ou non, que la valeur de la chose aliénée soit supérieure ou non à sa part héréditaire (V. n° 213); nous n'avons donc plus à insister sur ces points.

§ 2. Tiers ayant acquis des droits réels sur l'immeuble du
chef du donataire.

225. Pour les droits réels constitués par le donataire, nous retombons dans la règle : *resoluto jure dantis, resolvitur jus accipientis;* ces droits seront donc résolus par le rapport en nature. Ainsi l'adage *qui peut le*

plus peut le moins est inapplicable ici, comme il arrive souvent, du reste, dans les rapports entre l'hypothèque et la vente ; cette doctrine, d'ailleurs, se justifie très-bien : car si la faculté d'aliéner importe à l'intérêt général, il en est tout au contraire des droits réels, qui sont précisément des entraves à la libre circulation. Ajoutons enfin que s'il est facile d'estimer la valeur d'un immeuble pour la faire rapporter, il serait très-difficile d'estimer la dépréciation causée par les charges consenties sur cet immeuble pour en tenir compte aux cohéritiers.

226. Tous les droits consentis par le donataire sur l'immeuble qu'il rapporte seront donc résolus, qu'il s'agisse d'une servitude, d'un usufruit, d'une hypothèque, etc. : « Toutes charges, » dit l'art. 865. Tout cela est conforme à ce qui avait lieu sous l'ancien droit; mais il y avait ce tempérament que l'hypothèque passait sur les autres biens échus au lot du donataire, disposition inapplicable aujourd'hui, à cause de son incompatibilité avec le principe de la publicité des hypothèques. Cependant si l'immeuble hypothéqué dont le rapport est fait par le donataire venait par l'effet du partage à retomber dans son lot, il faudrait décider que l'hypothèque est maintenue. Il est vrai qu'on l'a nié, parce que ce qui est détruit ne peut revivre; mais nous ne pensons pas qu'il y ait eu alors véritablement une résolution : l'héritier a été propriétaire jusqu'au jour de l'ouverture; à ce moment il a cessé de l'être comme donataire, pour le

devenir aussitôt comme héritier, en vertu de la fiction de l'art. 883. « Son droit ne s'est brisé que pour
revivre *immédiatement* à un autre titre, en sorte qu'il
n'y a pas eu un instant où il n'ait été propriétaire,
tantôt à tel titre, tantôt à tel autre » (Marcadé, sur
l'art. 863). En outre, cette décision est conforme à
l'équité et à l'intérêt général, qui exigent l'exécution
complète des conventions; enfin la cause du rapport
est l'intérêt des cohéritiers ; du moment où cet intérêt
est sauvegardé, il n'y a plus à anéantir des droits au
profit exclusif de celui qui les a librement consentis.

227. Voilà pourquoi les créanciers ayant hypothèque
ont le droit d'intervenir au partage, afin d'éviter qu'il
soit fait en fraude de leurs droits, par exemple par
suite de collusions entre les cohéritiers pour faire
tomber l'immeuble hypothéqué dans le lot d'un autre
que le donataire ; ce droit que leur accorde l'art. 865
confirme donc notre opinion au sujet du maintien des
hypothèques consenties sur l'immeuble tombant dans
le lot du donataire.

§ 5. Créanciers de la successions

228. Le rapport n'est pas dû aux créanciers de la
succession, qui ne peuvent pas même en profiter :
nous connaissons déjà cette proposition ; mais nous
devons l'étudier quant aux legs et quant aux donations entre vifs ; nous verrons ensuite que s'ils ne
peuvent profiter du rapport, ce rapport ne peut pas
non plus leur nuire.

229. La règle de l'art. 857 est trop absolue dans ses termes, car elle ne s'applique pas aux legs faits par le défunt; nous savons en effet que tous les biens qui sont dans le patrimoine d'un débiteur sont le gage de ses créanciers; on n'en peut rien distraire avant qu'ils soient complétement désintéressés, en vertu de ce principe tout d'équité : *nemo liberalis, nisi liberatus.* D'après cette règle, les legs, quels qu'ils soient, ne s'acquitteront que sur la portion libre des biens du disposant; les créanciers profiteront donc de ce que le légataire ne réclamera pas son legs.

230. S'il s'agit de donations entre vifs, alors les créanciers ne pourront pas en demander le rapport; mais pour qu'il y ait lieu d'appliquer cette règle, il faut supposer que l'héritier à qui est dû le rapport accepte la succession sous bénéfice d'inventaire ou bien que les créanciers ont demandé contre lui la séparation des patrimoines; car autrement les créanciers de la succession, devenant créanciers personnels de l'héritier, profiteraient du rapport, augmentant leur gage, et pourraient même l'exiger du chef de leur débiteur en vertu de l'art. 1166. Dans les deux cas que nous avons cités au contraire, le patrimoine du défunt est distingué de celui de l'héritier, celui-ci conserve ses biens propres et le bien que lui rapporte son cohéritier est propre, puisqu'il ne se trouve pas dans la succession; les créanciers de la succession ne pourront donc pas le réclamer, bien plus ils ne pourront pas profiter du rapport, quand il aura été exécuté.

Cette règle n'a été admise qu'avec difficulté lors de la discussion au Conseil d'État, où le Premier Consul trouvait extraordinaire que l'héritier bénéficiaire pût conserver des valeurs importantes provenant des biens du défunt, tandis que les créanciers n'étaient pas complétement désintéressés; elle est pourtant parfaitement conforme aux principes : car si la créance est postérieure à la donation, le créancier ne pouvait pas compter sur un bien irrévocablement sorti du patrimoine de son débiteur; si au contraire la créance est antérieure à la donation, de quoi se plaint le créancier, qui n'a pris aucune précaution et qui a laissé à son débiteur la liberté complète de disposer de ses biens, éventualité par conséquent à laquelle il a dû s'attendre. Du reste dans ces deux cas, un donataire étranger ne serait pas inquiété; que fait au créancier la position de successible qu'a le donataire? S'il se plaint d'une fraude, qu'il recoure à l'article 1167, mais ce n'est plus notre sujet. La décision de l'art. 857 est donc équitable, aussi était-elle déjà suivie dans l'ancien droit.

231. Les créanciers ne profitent pas du rapport exécuté; c'est la conséquence de la règle qu'ils ne peuvent pas l'exiger : cela est évident quoique la loi ne l'ait pas dit expressément comme en matière de réduction (art. 921). Ainsi supposons un père laissant 20,000 francs et devant 30,000 francs; ses deux enfants dont l'un a reçu par donation entre vifs 10,000 francs, acceptent sous bénéfice d'inventaire. Le donataire va

rapporter ses 10,000 francs, mais il ne faut pas conclure que la masse allant être de 50,000 francs, les créanciers seront payés intégralement; d'après l'art. 857, les deux enfants seuls se partageront ces 10,000 francs rapportés, il y aura pour les créanciers la masse réelle de 20,000 francs, de sorte qu'ils ne recevront que les deux tiers de ce qui leur est dû.

232. Par réciprocité, si le rapport ne peut pas profiter aux créanciers de la succession, il ne doit pas non plus pouvoir leur nuire. Ce principe va nous fournir une solution dans l'hypothèse suivante : Le défunt laisse un actif de 100,000 francs et un passif d'égale somme; ses deux héritiers, à l'un desquels il a donné 100,000 francs, acceptent sa succession. L'héritier donataire est insolvable, le rapport se fera en moins prenant et l'héritier donataire gardera tout l'actif; quant au passif, il est divisé de plein droit entre les deux héritiers (art. 1220). L'héritier solvable pourra-t-il payer sa part dans la dette héréditaire, 50,000 francs, et pour le surplus renvoyer les créanciers à l'héritier insolvable? Évidemment non, à moins d'admettre une souveraine injustice : la perte doit retomber sur l'héritier et non sur les créanciers, car ceux-ci trouvent dans les biens de leur débiteur une somme suffisante pour se faire payer, leur situation ne doit pas être changée par les opérations qui interviennent entre les cohéritiers; ils sont étrangers au rapport qui ne peut leur amener ni profit ni préjudice.

233. Toutes ces différentes règles sont également

applicables, quand c'est un héritier qui est créancier ; il joue alors le rôle de deux personnes : d'où nous tirons ces conséquences l'une contre lui, l'autre pour lui, qu'il ne peut forcer ses cohéritiers et que ses cohéritiers ne peuvent pas le forcer d'imputer sa créance sur les biens dont il doit le rapport ou dont le rapport lui est dû.

§ 4. Légataires.

254. Nous connaissons la règle que le rapport n'est pas dû aux légataires ; mais de même que pour les créanciers, il y a des restrictions à faire.

D'abord pour legs, il faut bien comprendre jusqu'à quel point le rapport n'en est pas dû aux légataires non héritiers. La règle signifie simplement qu'un héritier légataire non préciputaire ne sera pas empêché de réclamer son legs par la présence d'un légataire ; mais si la quotité disponible est insuffisante et qu'il y ait lieu de réduire les legs, la réduction se fera aussi bien sur le legs de l'héritier que sur celui de l'étranger. D'un autre côté, l'héritier légataire, devant le rapport à ses cohéritiers de son legs ou de la part à laquelle il a pu être réduit, le laissera à la masse partageable. Voici le résultat pratique de la règle : si les légataires pouvaient exiger le rapport ou en profiter, l'héritier légataire ne pourrait pas vis-à-vis d'eux réclamer son legs, la quotité disponible appartiendrait donc entière aux légataires, qui auraient un plus fort dividende au moment de la réduction. La règle de l'art. 857 aboutit donc, sur le point qui nous occupe, à ce résultat singulier de dépouiller en partie les légataires au profit des héritiers.

235. Quant aux dons entre vifs, la règle que le rapport n'en est pas dû aux légataires est de toute évidence, car nous savons qu'ils ne peuvent réclamer leurs legs que sur les biens se trouvant dans le patrimoine du testateur au moment de son décès : c'est une conséquence naturelle de l'irrévocabilité des donations. Cette décision, comme celles que nous avons données précédemment, s'applique, que le légataire soit héritier ou étranger : la réunion de deux qualités sur la même tête donne lieu à des combinaisons de principes, mais n'apporte aucun changement dans les solutions.

236. De ce que le rapport n'est pas dû aux légataires, nous en conclurons qu'à moins de manifestation contraire de volonté faite par le testateur, un legs de quotité, par exemple du quart des biens, doit se calculer seulement sur les biens existant au moment du décès, sans comprendre ceux qui sont sortis par donation.

237. Une difficulté s'est élevée au sujet de la combinaison de notre art. 857 avec l'art. 922. Si le défunt a disposé d'une portion de biens supérieure à la quotité disponible et que les héritiers réservataires veuillent faire réduire, faudra-t-il pour déterminer le *quantum* du disponible, faire entrer en compte les biens donnés? Un père a donné entre vifs à chacun de

ses deux enfants 10,000 francs; il meurt laissant 5,000 francs et des legs pour 10,000 francs. Les enfants pourront-ils dire : la succession n'est que de 5,000 francs, la quotité disponible est du tiers de cette somme, c'est ce qu'auront les légataires ; si on opérait autrement, les légataires profiteraient du rapport, l'art. 857 serait violé. Je ne crois pas cette prétention fondée, et la réponse que feront les légataires aux héritiers me semble péremptoire. Il s'agit ici, diront-ils, d'une question de réduction, puisqu'on se demande de combien le testateur a pu disposer ; c'est donc l'article 922 qu'il faudra appliquer et le calcul de la masse comprendra les biens donnés entre vifs ; autrement on arriverait à ce résultat absurde qu'il y aurait deux quotités disponibles différentes, une pour les héritiers, une autre pour les légataires ; du reste, ajouteront-ils, nous n'oublions pas l'art. 857; nous n'avons pas droit au rapport des donations; en calculant, d'après l'art. 922, les forces de la succession, nous voyons que vous avez beaucoup plus que la réserve ; la quotité disponible est le tiers de la masse, montant à 25,000 francs; elle est donc de plus de 8,000 francs. Nous ne vous demandons pas de nous parfaire cette somme, mais donnez-nous au moins intégralement ce qu'il y a dans la succession, 5,000 francs; ainsi, l'art. 857 n'est pas violé, puisque nous ne vous faisons rien rapporter et nous obéissons à l'art. 922 en vous laissant toute votre réserve et même au-delà.

238. De ce que nous venons de dire, il est facile de comprendre que les légataires ont un grand intérêt à connaître quelle est la quotité disponible et quels sont les avantages qui l'entament. Si des libéralités sont faites à des étrangers ou à des héritiers non réservataires, il est évident qu'elles s'imputeront sur la quotité disponible. Mais si elles sont faites à des réservataires, s'imputeront-elles sur la réserve ou sur la quotité disponible? C'est là une question intéressante à étudier dans toutes ses distinctions, mais qui ferait partie d'un travail sur la réduction plutôt que d'une étude sur les rapports. Qu'il nous suffise de dire ici pour indiquer les solutions à donner, que si le réservataire accepte, il a préféré sa qualité d'héritier à celle de donataire et par conséquent que son don, rentrant dans la succession par l'effet du rapport, s'imputera sur la réserve, à moins qu'il ait été fait par préciput, auquel cas il aurait droit, comme héritier à la réserve et comme donataire, à la portion disponible. Si le réservataire renonce, il n'est plus héritier, mais comme donataire il a droit à la portion disponible (V. ch. II, sect. III, n°s 122 et s.).

CHAPITRE VII

DU RAPPORT DES DETTES

239. Nous ne nous sommes occupés jusqu'à présent que du rapport des libéralités ; mais nous savons

qué le Code applique aussi le rapport aux dettes des successibles vis-à-vis du défunt ; nous devons donc chercher parmi les règles que nous avons exposées quelles sont celles qui régissent le rapport des dettes.

240. Le rapport des dettes repose comme celui des libéralités sur le principe d'égalité qui est la base de notre système successoral. En effet ce qu'a reçu le successible à titre de prêt fait partie de la masse héréditaire, il se trouve donc déjà en possession d'une partie de ce qui doit lui revenir, il ne peut réclamer que le surplus de sa part. Car l'égalité serait détruite si, lui recevant sa part entière, ses cohéritiers n'avaient pour compléter la leur qu'une créance contre lui, avec danger de la voir primée par des hypothèques ou réduite par le concours d'autres créanciers chirographaires ; en outre l'intention probable du défunt concorde avec l'équité, car il a dû penser, en prêtant à son successible, que ses droits héréditaires serviraient de garantie à ses cohéritiers. Enfin le rapport de la dette ne nuit pas au successible débiteur : la manière de l'opérer ne l'oblige pas à contracter des emprunts ou à retirer des capitaux engagés peut-être dans des opérations avantageuses ; il se paye de sa part dans la succession avec ce qu'il lui doit et peu importe qu'il soit solvable ou non : *unusquisque sibi solvendo videtur* (Ulp. l. 82, *ad. leg. Falcid.* D.) ; « un débiteur est toujours solvable relativement à lui-même ; son patrimoine présent et futur est grevé, diminué d'une dette, il gagne toujours à

l'extinction de cette dette, il gagne ce qu'il devait, »
(M. Labbé, *Revue prat.*, t. VII).

241. Ces considérations, qui avaient déjà fait admettre unanimement dans l'ancien droit le rapport
des dettes, ont eu la même influence sur les auteurs du
Code : « Le rapport est dû de ce qui a été employé
pour le payement des dettes d'un des cohéritiers. »
L'art. 851 concorde du reste avec les art. 829-831
qui, indiquant la manière d'opérer pour arriver à
la formation de la masse héréditaire, assimilent le rapport des dettes à celui des donations. Il y a donc des
points de ressemblance, mais nous devons ajouter que
nous trouverons aussi des points de dissemblance
entre ces deux rapports.

242. Une question préliminaire à se faire est de
savoir si la somme remise par le défunt à son successible, si le payement des dettes de ce successible constitue un don ou bien une simple avance, un prêt :
c'est une question de fait dont nous n'avons pas à
nous occuper.

243. Mais quelles dettes sont soumises au rapport ?
L'art. 829 est très-général et comprend, d'après son
rapprochement de l'art. 828 : qui s'occupe des comptes
que les cohéritiers peuvent se devoir, non seulement ce que l'héritier devait au défunt, mais encore ce qu'il doit à ses cohéritiers; encore ici, l'é-
galité exige cette solution. Les dettes dont est tenu le
successible envers le défunt sont toutes rapportables,
nous ne distinguons pas si ce successible n'est tenu

que comme ayant cause d'un débiteur du défunt au lieu d'être débiteur direct, ni si la dette provient d'un contrat à titre onéreux ou d'un prêt gratuit. Cette dernière distinction, adoptée par M. Demolombe, le force à faire une sous-distinction et à ne dispenser du rapport les dettes résultant d'un contrat à titre onéreux, que si elles ne sont pas exigibles au moment du décès, et encore avec cette restriction qu'il ne faut pas qu'on ait à craindre l'insolvabilité du débiteur; dans tous les cas nous trouvons même motif d'égalité et de justice : les cohéritiers ne peuvent se contenter d'une créance plus ou moins bonne, quand l'héritier débiteur touche toute sa part.

244. Ajoutons que pour qu'une dette soit rapportée, il faut qu'elle existe encore au moment du décès ; ainsi il n'est pas dû si la dette était éteinte par la prescription accomplie avant l'ouverture de la succession. (Pour la remise de la dette par suite de concordat, voir n° 155). Il faut en outre que les conditions essentielles à tout rapport existent suivant les règles que nous avons étudiées.

245. Quant à la manière d'opérer le rapport, il se fera en nature en versant dans la masse la somme due, ou bien en moins prenant par des prélèvements que feront les cohéritiers suivant l'art. 830.

246 Les effets du rapport des dettes sont les mêmes que ceux du rapport des libéralités, sauf ce que leur caractère particulier empêche d'appliquer. Ainsi :

1° La dette dont le terme n'est pas encore arrivé,

deviendra immédiatement exigible, car malgré le terme l'héritier débiteur est libéré pour sa part par la confusion, ses cohéritiers doivent être dans la même position. De même, le capital d'une rente devient exigible. Marcadé (sur l'art. 829) attaque vivement ces solutions qu'il reconnaît avoir été données dans l'ancien droit, mais qu'il trouve trop rigoureuses pour pouvoir être admises aujourd'hui sans texte formel, bien plus à l'encontre de l'art. 918, où on suppose maintenu le contrat de rente viagère ou perpétuelle. Nous avons déjà expliqué (n°⁵ 120 et 178-183) le but de cet article; nous ne répéterons donc pas qu'on en exagère beaucoup la portée; quant à la rigueur qui effraye Marcadé, nous ne voyons qu'une application fort équitable des principes d'égalité entre cohéritiers : ce que nous trouverions rigoureux, ce serait de voir la position de l'un d'eux beaucoup plus avantageuse que celle des autres.

247. 2° La dette non productive d'intérêts en produira du jour du décès au taux légal (art. 856).

3° Enfin le prélèvement que feront les cohéritiers sur la part du débiteur se fera à l'encontre même de ses créanciers, qui seront primés par suite de cette imputation de la dette sur la part héréditaire, et ils n'auront pas à se plaindre d'un privilége non écrit dans la loi, car ce n'est pas comme créanciers, mais comme copartageants qu'agissent les cohéritiers ; c'est là du reste une des principales utilités du rapport des dettes.

248. Voici maintenant en quoi le rapport des dettes diffère de celui des libéralités, en quoi il y a intérêt de savoir si le *de cujus* a disposé à titre gratuit ou à titre de prêt :

1° La renonciation à la succession dispense du rapport des dons et des legs ; pour les dettes, il n'y a plus rapport, mais l'obligation de payer subsiste ; il est évident que la renonciation du successible débiteur ne peut pas le soustraire à l'acquittement des sommes qu'il devait au défunt ; il reste donc débiteur.

249. 2° Les créanciers et légataires de la succession ne peuvent pas réclamer le rapport des dons et legs ni en profiter (art. 857), sauf certaines restrictions ; quand il s'agit de dettes, ils n'ont pas non plus à réclamer de rapport ; mais vis-à-vis d'eux, la dette subsiste comme un élément augmentant l'actif héréditaire, et ils pourront se faire payer sur cette partie du patrimoine qui est leur gage. Si nous supposons une dette à terme, elle deviendra immédiatement exigible vis-à-vis des cohéritiers ; mais à l'égard des créanciers et légataires qui n'ont pas de droit au rapport, le terme subsistera et ils devront attendre son arrivée pour se faire payer.

250. Ce principe du rapport des dettes fait, comme nous venons de le voir, éprouver des changements considérables à la créance que le *de cujus* avait contre le successible ; mais il ne faut pas aller jusqu'à dire que cette dette se transforme, qu'elle subit une novation ; non, la dette continue d'exister telle qu'elle était,

et, si les cohéritiers le préfèrent, ils pourront réclamer le payement plutôt que le rapport. Ils y auront
intérêt quand leur créance est garantie par une sûreté
spéciale et que l'actif héréditaire est insuffisant pour
faire les prélèvements nécessaires ; voilà aussi le motif
qui permet aux légataires et aux créanciers de poursuivre l'héritier comme débiteur, quoiqu'ils ne puissent pas réclamer le rapport (V. le n° précéd.).

TABLE DES MATIÈRES

PARIS — IMP. SIMON RAÇON ET COMP., RUE D'ERFURTH, 1.

POSITIONS

I. — DROIT ROMAIN

I. — La décision de la loi 10, *sed magis sentio*, (D. *de collat.*, 37, 6), ne vient pas d'une interpolation de Tribonien.

II. — Cette même loi 10 n'est pas un cas unique ; dès qu'on s'est attaché surtout à l'idée de préjudice à réparer pour établir la *collatio*, il n'est pas nécessaire que le héritiers viennent *ex eodem jure*.

III. — Dans la loi 1, § 5 (h. t.), les mots *pro quadrante* se rapportent à l'hypothèse prévue ; le principe est que la *collatio* se fait en proportion du préjudice causé.

IV. — La fille ayant sa dot distincte des biens du père se trouvait dans une position analogue aux émancipés ayant un patrimoine propre ; c'est dans cette idée qu'on trouve l'origine de la *collatio dotis*.

V. — La loi 1, § 16, *De conjungendis cum emanc. liber.* (D. 37, 8), prise à la lettre, est contraire aux règles de la *collatio* ; il faut l'entendre avec la correction proposée par Pothier.

VI. — Sous Justinien et d'après la constitution *Illud* (Const. 20, C. *de collat.*, 6, 20), les donations simples faites au fils en puissance ou à l'émancipé ne sont pas soumises à la *collatio*.

II. — DROIT CIVIL

VII. — L'imputation due par l'enfant naturel n'est autre chose que le rapport modifié par la règle de l'art. 908.

VIII. — Le représentant ne doit le rapport que de la donation faite au représenté.

IX. — Les donations déguisées sous les apparences d'un contrat à titre onéreux ou faites par personnes interposées sont rapportables.

X. — Les dons faits en avancement d'hoirie à un successible réservataire s'imputent sur la réserve s'il accepte, sur la quotité disponible s'il renonce.

XI. — Les charges constituées par le successible donataire subsistent quand l'immeuble donné tombe, par l'effet du partage, dans le lot de ce successible.

XII. — Le rapport du mobilier incorporel se fait en moins prenant comme celui du mobilier corporel.

III. — DROIT COMMERCIAL

XIII. — Les cohéritiers du failli peuvent exiger le rapport de la partie de la dette remise par le concordat.

XIV. — Les marchés à terme sont valables quand i's sont sérieux.

IV. — DROIT PÉNAL

XV. — La légitime défense ne peut, dans notre législation, résulter d'attaques contre les biens.

XVI. — Le meurtre d'un nouveau-né non-viable constitue le crime d'infanticide.

Vu par le Président,
A. VALETTE.

Vu par le Doyen,
C. A. PELLAT.

Permis d'imprimer
Le Vice-Recteur,
A. MOURIER.

PARIS. — IMP. SIMON RAÇON ET COMP., RUE D'ERFURTH, 1.

PARIS. — IMP. SIMON RAÇON ET COMP., RUE D'ERFURTH, 1.

www.ingramcontent.com/pod-product-compliance
Ingram Content Group UK Ltd.
Pitfield, Milton Keynes, MK11 3LW, UK
UKHW021934070726
13614UKWH00001B/414